Lieschen Müller
wird politisch

Zeitgeschichte im Gespräch
Band 4

Herausgegeben vom
Institut für Zeitgeschichte

Redaktion:
Thomas Schlemmer und Hans Woller

Lieschen Müller wird politisch

Geschlecht, Staat und Partizipation
im 20. Jahrhundert

Herausgegeben von
Christine Hikel, Nicole Kramer
und Elisabeth Zellmer

R. Oldenbourg Verlag München 2009

Bibliografische Information der Deutschen Nationalbibliothek
Die Deutsche Nationalbibliothek verzeichnet diese Publikation in der
Deutschen Nationalbibliografie; detaillierte bibliografische Daten
sind im Internet über <http://dnb.d-nb.de> abrufbar.

© 2009 Oldenbourg Wissenschaftsverlag GmbH, München
Rosenheimer Straße 145, D-81671 München
Internet: oldenbourg.de

Das Werk einschließlich aller Abbildungen ist urheberrechtlich geschützt.
Jede Verwertung außerhalb der Grenzen des Urheberrechtsgesetzes ist
ohne Zustimmung des Verlages unzulässig und strafbar. Dies gilt
insbesondere für Vervielfältigungen, Übersetzungen, Mikroverfilmungen
und die Einspeicherung und Bearbeitung in elektronischen Systemen.

Gedruckt auf säurefreiem, alterungsbeständigem Papier
(chlorfrei gebleicht).

Umschlaggestaltung und Layoutkonzept:
Thomas Rein, München, und Daniel von Johnson, Hamburg
Satz: Dr. Rainer Ostermann, München
Druck und Bindung: Grafik+Druck GmbH, München

ISBN 978-3-486-58732-6

Inhalt

Christine Hikel, Nicole Kramer, Elisabeth Zellmer
Impulse für eine neue Frauen-Politikgeschichte **7**

I. Frauen als Staatsbürgerinnen in Demokratie und Diktatur
Elizabeth Harvey
Raum und Partizipation. Zum Verhältnis von Frauen und Politik in Deutschland im 20. Jahrhundert **13**
Michael Schwartz
Frauenpolitik im doppelten Deutschland. Die Bundesrepublik und die DDR in den 1970er Jahren **27**

II. Systemwechsel und Mitgestaltung
Christiane Streubel
Antidemokratische Konzepte politischer Teilhabe. Journalistinnen in der radikalnationalistischen Öffentlichkeit der Weimarer Republik **41**
Sylvia Rogge-Gau
„Was aus diesen Menschen wird, von *uns* hängt es ab." Jüdische Frauen in Selbsthilfeorganisationen 1933 bis 1939 .... **53**

III. Integration in den totalen Staat
Christoph Kühberger
Von Frauen und Feiern. Die inszenierte Integration von Frauen in den NS-Staat **63**
Nicole Kramer
Krieg und Partizipation. „Volksgenossinnen" in den NS-Frauenorganisationen **73**

IV. Mitbestimmung in der neuen Demokratie
Beate von Miquel
Aufbruch in die Demokratie. Politische Partizipation in evangelischen Frauenverbänden nach 1945 .... **85**
Anna Schnädelbach
„Haben Sie bedacht, Herr Minister, daß wir einen Menschen verloren haben?" Kriegerwitwen in Westdeutschland nach 1945 .... **95**

Christine Hikel
Erinnerung als Partizipation. Inge Scholl und
die „Weiße Rose" in der Bundesrepublik **105**

V. Protest und Polarisierung in beiden deutschen Staaten
Elisabeth Zellmer
„Danke für die Blumen, Rechte wären uns lieber!"
Das Frauenforum München e.V. 1971 bis 1975 . . . . **115**
Eva Sänger
Frauenbewegung in der DDR. Gegenöffentlichkeiten
und Unrechtserfahrungen informeller Frauengruppen
in den 1980er Jahren. **127**

Abkürzungen **138**

Autorinnen und Autoren **140**

Christine Hikel, Nicole Kramer, Elisabeth Zellmer
Impulse für eine neue Frauen-Politikgeschichte

Im 20. Jahrhundert bestimmten politische Systemwechsel, Kriege und Krisen, aber auch Konsolidierung und Demokratisierung das Verhältnis des Staats zu seinen Bürgerinnen neu. Hatte die Mehrheit der Männer, nicht zuletzt wegen der allgemeinen Wehrpflicht, die Aufwertung zum Staatsbürger bereits im 19. Jahrhundert erreicht, zogen die Frauen erst 1918 mit der Einführung des Frauenwahlrechts nach. Dies war jedoch mehr Markstein als Schlussstein eines Politisierungsprozesses[1], der in den folgenden Jahrzehnten in unterschiedlichen Ausprägungen seine Fortsetzung fand. Totalitäre Herrschaft, die nationale Vereinnahmung im Zweiten Weltkrieg, Demokratisierung oder die politische Planungs- und Steuerungseuphorie der 1960er Jahre verschoben die Grenze zwischen dem, was als „politisch", und dem, was als „privat" galt. Frauen gerieten in den Fokus des Staats und erhielten neue Möglichkeiten der politischen Teilhabe. Davon profitierten nicht nur die Eliten, sondern die Frauen insgesamt, also auch das sprichwörtliche „Lieschen Müller"[2].

Lieschen Müller entwickelte sich im 20. Jahrhundert zum Synonym für die deutsche Durchschnittsfrau. Erstmals tauchte diese Figur aber bereits im 18. Jahrhundert auf – zusammen mit dem Soldaten Fritzchen stand sie für die Untertanen des Königs Friedrich Wilhelm I., der – so die landläufige Sicht – als sparsamer Regent

---

[1] Vgl. Konrad H. Jarausch/Michael Geyer, Zerbrochener Spiegel. Deutsche Geschichte im 20. Jahrhundert, München 2005, S. 278–302.
[2] Zur „Genealogie" und „Karriere" Lieschen Müllers vgl.: Artikel „Liese", in: Grimm's deutsches Wörterbuch, Bd. 6, Leipzig 1885; Artikel „Lieschen Müller", in: Hermann Paul, Deutsches Wörterbuch, 5. völlig neu bearb. u. erw. Aufl. von Werner Betz, Tübingen 1966; Christina von Hodenberg, Konsens und Krise. Eine Geschichte der westdeutschen Medienöffentlichkeit 1945–1973, Göttingen 2006, S. 80; Anja Kruke, Demoskopie in der Bundesrepublik Deutschland. Meinungsforschung, Parteien und Medien 1949–1990, Düsseldorf 2007; Lieschen Müller, Ottos Verwandte, in: taz vom 1.2.2003; Alexander Mitscherlich, Cocteaus Witwe. Zur Genealogie von Lieschen Müller, in: ders., Gesammelte Schriften VI. Politisch-publizistische Aufsätze 1, hrsg. von Herbert Wiegandt, Frankfurt a.M. 1983, S. 278–282; Spiegel-Verlag/Hausmitteilung, in: Der Spiegel vom 28.10.1968, S. 5.

sein Volk arm und ungebildet ließ. Als Sinnbild der gemeinen Preußin genoss sie einen zweifelhaften Ruf: unauffällig, gewöhnlich, bisweilen gar dumm. Nach dem Zweiten Weltkrieg änderte sich das Bild: Die neu entstehende Disziplin der Meinungsforschung griff Figuren wie Lieschen Müller oder Otto Normalverbraucher auf und erklärte sie zum Pendant der einfachen Frauen und Männer auf der Straße. Da insbesondere die Parteien daran interessiert waren, was die schweigende Mehrheit dachte, gewann Lieschen Müller eine politische Dimension. Aus dem einfältigen Geschöpf wurde eine Staatsbürgerin, deren Spuren man aber nur selten in Parteien, Parlamenten oder anderen Institutionen findet. Doch dass sie vorhanden sind – gerade auch außerhalb dieser etablierten Arenen –, wird dieser Band zeigen. Die Vielfalt weiblichen Engagements, die der Blick auf Lieschen Müller offen legt, spiegelt sich in den einzelnen Beiträgen wider, die sich konzeptionell an drei Leitlinien orientieren:

1. *Geschlecht:* Der akteurszentrierte Ansatz soll keine Rückkehr zur Frauengeschichte der 1970er Jahre sein, der es vor allem darum ging, Frauen als Subjekte in der Geschichte sichtbar zu machen. Die einzelnen Beiträge beziehen Geschlecht als konstituierenden Faktor der Vergesellschaftung in ihre Untersuchungen mit ein und tragen somit den methodischen Debatten der Geschlechtergeschichte Rechnung. Die Zuschreibungen, die „die Frauen" pauschal zu einem monolithischen Block innerhalb der Gesellschaft machen, sind nur eine Seite der sozialen Praxis. Wie Frauen diese Rollenmuster wahrnahmen, wie sie sich dazu verhielten, ob sie sie ignorierten oder als verbindlich ansahen, zeigt sich erst, wenn die Akteurinnen selbst im Zentrum der Untersuchung stehen. Es soll also nicht um den Blick des Staats auf die Frauen, sondern um deren Haltung und Verhalten dem Staat gegenüber gehen. Frauen strebten nach Integration, ließen sich in Dienst nehmen, stellten Forderungen, verlangten Mitsprache, setzten Grenzen oder liefen dagegen Sturm.

2. *Staat:* Das 20. Jahrhundert gilt als „Zeitalter der Extreme" (Eric Hobsbawm). Vor allem Deutschland pendelte zwischen Demokratie und Diktatur. Mit den Systemwechseln gingen politisch-normative und gesellschaftliche Veränderungen einher, die die Spielräume der Mitgestaltung von Frauen im Staat neu bestimmten. Dabei ist es wichtig festzuhalten, dass die Geschichte weiblicher Partizipation keine bruchlose, lineare Erfolgsgeschichte ist, die nach und nach ein Mehr an politischer Teilhabe und Mitbestimmung erbracht hat. Vielmehr lassen sich Zeitfenster finden, in denen das Engagement von Frauen besonders hervortrat, während es in anderen

Perioden in den Hintergrund rückte. Die Gründe dafür, dass sich solche Zeitfenster öffneten, sind vor allem zwei Faktoren geschuldet: Zum einen der Absicht des Staats, Frauen zu mobilisieren und zur Unterstützung des herrschenden politischen Systems zu gewinnen, zum anderen der in bestimmten Phasen besonders stark empfundenen Überzeugung, die Lage von Frauen sei defizitär und die weibliche Bevölkerung im oder durch den Staat nicht ausreichend repräsentiert. Die zeitliche Längsschnittperspektive ermöglicht es, Brüche und gegensätzliche Entwicklungen zu untersuchen, die deutschen Diktaturen in die Analyse zu integrieren und schließlich eine Basis für den diachronen Vergleich zu legen. Dabei wird unter anderem erkennbar, dass sich die Zweite Frauenbewegung ganz selbstverständlich auf die Erste berief. Dennoch unterschieden sich deren Aktivistinnen in ihrer Staatsauffassung grundlegend von ihren politischen Großmüttern. Ging es in der ersten Hälfte des 20. Jahrhunderts um die Anerkennung als Staatsbürgerinnen und die Verpflichtung gegenüber dem Gemeinwesen, stritten westdeutsche Frauen mehr als 50 Jahre später im Kontext einer stabilen Demokratie und auf der Basis gesicherter Grundrechte für mehr Selbstbestimmung und gegen staatliche Eingriffe.

3. *Partizipation:* Da der Untersuchungszeitraum das gesamte 20. Jahrhundert umfasst, ist es notwendig, den Partizipationsbegriff von seiner traditionellen demokratietheoretischen Konnotation zu lösen. Danach richtet sich Partizipation auf das politische System, in dem Bürger politische Entscheidungen „freiwillig", „individuell" oder „im Verbund mit anderen" und „zu ihren Gunsten" beeinflussen können. In Definitionen wie dieser klingt ein normatives Verständnis von politischer Beteiligung an, die über die Interessenvertretung hinaus auf demokratische Ideale wie „Selbstverwirklichung" und „Teilhabe in möglichst vielen Bereichen der Gesellschaft" verweist[3]. Allerdings, so ist dagegen einzuwenden, strebt jede Form politischer Herrschaft nach Legitimität und Akzeptanz, für die ein gewisses Maß an Beteiligung der Bevölkerung unabdingbar ist. Auch diktatorische und autoritäre Regime versuchen, mit ihren politischen Botschaften Zustimmung zu gewinnen. Gerade in totalitären Systemen ist es ein Charakteristikum, dass der Grad der politischen Durchdringung und Mobilisierung der gesamten Bevölkerung ausgesprochen hoch ist. Der entscheidende Unterschied im Vergleich zu Demokratien liegt im Grad der Offenheit

---

[3] So z.B. unter dem Stichwort „Partizipation" in: Lexikon der Politik. Bd. 7: Politische Begriffe, hrsg. von Dieter Nohlen/Rainer-Olaf Schultze/Suzanne S. Schüttenmeyer, München 1998, S. 470–472, hier S. 470.

der politischen Sphäre, die in Diktaturen – vor allem durch Gewalt und Repression – stark vorstrukturiert ist und kaum Platz für Pluralismus lässt. Partizipation verläuft hier innerhalb enger Grenzen. Teilhabe und Mitwirkung spielten sich in den Diktaturen des 20. Jahrhunderts nicht auf der Ebene politischer Entscheidungsfindung ab, vielmehr konnte die Mehrheit der Bevölkerung lediglich an der Schnittstelle zwischen politischen Vorgaben und deren Umsetzung Einfluss nehmen. Hier eröffneten sich die Handlungsspielräume für die „kleinen" Männer, aber auch für die „kleinen" Frauen, die man bisher zumeist übersehen hat. Ein entsprechend erweiterter Partizipationsbegriff[1] ermöglicht es, demokratische und diktatorische Systeme gleichermaßen in den Blick zu nehmen. Partizipation kann so zu einer Analyse- und Vergleichskategorie für das gesamte 20. Jahrhundert werden.

Die vorliegenden Beiträge erschließen über die Frage nach der politischen Teilhabe von Frauen exemplarisch die deutsche Geschichte des 20. Jahrhunderts. Auf der Grundlage jüngst abgeschlossener oder noch laufender empirischer Studien vermessen sie ein vernachlässigtes Forschungsfeld anhand innovativer Fragestellungen und geben Impulse für eine neue Frauen-Politikgeschichte, die sowohl Frauen als Akteurinnen als auch die Bedingungen ihres Handelns in herrschafts-, sozial- und erfahrungsgeschichtlicher Perspektive untersucht. Der Band gliedert sich in fünf Abschnitte. Den Anfang macht ein Überblick über die Geschichte von *Frauen als Staatsbürgerinnen in Demokratie und Diktatur*. Durch den Blick auf das gesamte 20. Jahrhundert werden die Zeitfenster sichtbar, in denen die Teilhabe der weiblichen Bevölkerung verstärkt thematisiert, begünstigt, eingefordert, aber auch wieder zurückgedrängt wurde.

Ein erstes Fenster öffnete sich in den Jahren nach dem Ersten Weltkrieg. Der *Systemwechsel* von 1918 veränderte die Rahmenbedingungen weiblicher Teilhabe radikal. Der neue Status als vollwertige Staatsbürgerinnen hob die Partizipation von Frauen im Staat auf eine neue Stufe. Es ging aber nicht nur um Rechte und Möglichkeiten, eigene Interessen durchzusetzen und Gesellschaft und Politik mitzugestalten. Partizipation hieß nicht zuletzt Dienst für das Volk und Mitarbeit am Gemeinwesen.

---

[1] Die Erweiterung von Politik- und Partizipationsbegriffen hat bereits die Neue Politikgeschichte angeregt. Vgl. v.a. Ute Frevert, Neue Politikgeschichte. Konzepte und Herausforderungen, in: dies./Heinz-Gerhard Haupt (Hrsg.), Neue Politikgeschichte. Perspektiven einer historischen Politikforschung, Frankfurt a.M. 2005, S. 9–26.

Der Nationalsozialismus konnte die politische Integration von Frauen nicht gänzlich revidieren. Der Notwendigkeit, die Zustimmung der weiblichen Bevölkerung zu gewinnen, konnte sich auch das Dritte Reich nicht verschließen. Allerdings galt dies längst nicht für alle; Frauen, die aus rassischen und weltanschaulichen Gründen stigmatisiert wurden, mussten zwischen 1933 und 1945 erfahren, wie ihnen die staatliche Macht jegliche Partizipationsmöglichkeit versagte.

Für die „Volksgenossinnen" gestaltete sich die Situation hingegen anders: Sie sollten in den *totalen Staat* und die nationalsozialistische „Volksgemeinschaft" integriert werden, und viele nahmen dieses Inklusionsangebot bereitwillig auf. Das Dritte Reich erwies sich dabei auf der Ebene der symbolischen Repräsentation als männlich dominiert, während die politische und soziale Praxis – wenn auch in hierarchischer Abstufung – auf der Integration und Mitwirkung beider Geschlechter beruhte. Dies war das Einfallstor für die Gestaltungsmacht von Frauen im nationalsozialistischen Männerstaat.

Mit dem Ende des Zweiten Weltkriegs verloren nationalsozialistische Politikvorstellungen ihre Bedeutung. An deren Stelle traten die westalliierten Forderungen nach Demokratisierung, die zumindest in Teilen der deutschen Bevölkerung auf bereits vorhandene Einsichten stießen. Die *weibliche Mitbestimmung in der neuen Demokratie* sollte kein Elitenphänomen sein, sondern möglichst allen offenstehen. Partizipation hatte verschiedene Ansatzpunkte und unterschiedliche Formen. Frauenvereine und -verbände, die zum Teil an ihre Arbeit aus der Zeit vor 1933 anknüpfen konnten, spielten häufig eine wichtige Rolle bei der Politisierung der weiblichen Bevölkerung und etablierten sich als Vorfeldorganisationen. Impulse kamen zudem von der „großen Politik", deren Steuerungs- und Deutungshoheit bis in den privaten Bereich ihrer Bürger hineinreichte. Die staatlichen Institutionen wurden von diesen jedoch auch gefordert, nicht zuletzt von Frauen, die sich in materiellen Notlagen befanden.

Wesentlich konfliktreicher gestaltete sich das Verhältnis der Zweiten Frauenbewegung zum demokratischen Staat, die in den 1970er Jahren entstand. „Das Private ist politisch" war einer ihrer zentralen Slogans, doch die Aktivistinnen wehrten sich zugleich gegen Eingriffe von oben und betrachteten staatliche Steuerungsversuche mit Skepsis. Sie nutzten die Öffentlichkeit, um etablierte Institutionen herauszufordern und um diesen ihre Grenzen aufzuzeigen. Als Teil der sozialen Bewegungen der 1960er und 1970er Jahre formulierte die Neue Frauenbewegung in der Bundesrepublik

Protest und sorgte für *Polarisierung*. Mit Einschränkungen galt dies auch für die DDR, wo nichtstaatliche Frauengruppen in den 1980er Jahren zu Trägern einer Gegenkultur wurden.

*

Der vierte Band der Reihe „Zeitgeschichte im Gespräch" ist das Ergebnis eines Workshops über die politische Partizipation von Frauen im 20. Jahrhundert, der im Oktober 2007 in München stattfand. Wegbereiter dieses Forschungsinteresses war das Institut für Zeitgeschichte München-Berlin. Die Tagung und der Sammelband haben sich nur durch die Unterstützung und Mitarbeit so vieler verwirklichen lassen. Wir danken dem Direktor des Hauses, Horst Möller, seinem Stellvertreter Udo Wengst und der Verwaltungsleiterin Ingrid Morgen, die dieses Projekt möglich gemacht haben. Stellvertretend für die vielen Kolleginnen und Kollegen möchten wir Ingrid Baass, Ute Elbracht, Alexander Markus Klotz, Edith Raim, Anne Rohstock, Thomas Schlemmer und Hans Woller nennen, die unsere Ideen und unseren Eifer stets unterstützt und uns den Rücken freigehalten haben. Unser Dank gilt nicht zuletzt den Autorinnen und Autoren der Beiträge für die gute Zusammenarbeit.

Elizabeth Harvey
Raum und Partizipation
Zum Verhältnis von Frauen und Politik in Deutschland im 20. Jahrhundert

1. Die räumliche Dimension der Partizipation*

Die historische Frauen- und Geschlechterforschung der letzten Jahrzehnte hat uns einen kritischen Blick auf die politische Geschichte des 20. Jahrhunderts gelehrt. Dabei erscheint die klassische und angeblich naturgegebene Grenzziehung zwischen einer männlich kodierten Öffentlichkeit und einer weiblich kodierten Privatsphäre als ein ideologisches Konstrukt, eine einflussreiche, aber vereinfachende Schablone. Dieses Konstrukt diente dazu, Männern politische Rechte vorzubehalten, die Geschlechterhierarchie zu verfestigen und die weitere Demokratisierung aufzuhalten[1]. Einer feministischen Politikgeschichte eröffnen sich so zwei neue Perspektiven. Zum einen kann sie den „männerbündische[n] Charakter"[2] der Politik im modernen Staat deutlich machen: ein System, das sich unter bestimmten Bedingungen ändert und öffnet für die Mitwirkung von Frauen. Zum anderen strebt sie danach, die Vorstellung einer einheitlichen, klar abgegrenzten (männlichen) Öffentlichkeit durch ein komplexeres Bild zu ersetzen, das die Übergänge zwischen Privatsphäre und außerhäuslichem Engagement betont und Teilöffentlichkeiten berücksichtigt, zum Beispiel das Engagement von Frauen in Organisationen, Bewegungen und Kampagnen[3]. Nicht nur die Beteiligung an der Politik im engeren Sinne, sondern auch öffentliche Handlungsformen jenseits der institutio-

---
* Ich möchte Eva Sänger und den Herausgeberinnen dieses Bandes für Hinweise und Anregungen danken.
[1] Vgl. Birgitta Bader-Zaar/Johanna Gehmacher, Öffentlichkeit und Differenz. Aspekte einer Geschlechtergeschichte des Politischen, in: Johanna Gehmacher/Maria Mesner (Hrsg.), Frauen- und Geschlechtergeschichte. Positionen. Perspektiven, Wien 2003, S. 165–181, hier S. 165f.; Karin Hausen, Frauenräume, in: dies./Heide Wunder (Hrsg.), Frauengeschichte – Geschlechtergeschichte, Frankfurt a.M./New York 1992, S. 21–24, hier S. 23f.
[2] Bader-Zaar/Gehmacher, Öffentlichkeit und Differenz, S. 165.
[3] Vgl. Nancy Fraser, Justice Interruptus. Critical reflections on the postsocialist condition, London 1997, S. 74ff.

nalisierten Politik sind relevant für die Frage nach der politischen Partizipation der „Durchschnittsfrau" im Zeitalter der Massenpolitik, des organisierten Nationalismus und der Kämpfe für die Demokratie[4].

Die Debatte um die politischen Rechte der Frau wurde in Deutschland begleitet und überlagert von der krisenhaften Entwicklung der Monarchie, die in den Ersten Weltkrieg führte, mit der Revolution und der Ausrufung der Republik endete und den Frauen das Wahlrecht gab[5]. Die Brüche in der Entwicklung der formellen politischen Partizipation von Frauen im Sinne von Beteiligung an einer pluralistischen Parteiendemokratie seit 1918 sind auffallend. Sie werfen die Frage auf, welche Art von politischer Partizipation auch im NS-Regime und in der SED-Diktatur existierte und wie solche Formen der Partizipation und Mobilisierung in den Übergängen zur Demokratie nachwirkten[6]. Neben den Brüchen ist auch nach Kontinuitäten über Regimewechsel hinweg zu fragen. Zeitübergreifend tauchen immer wieder bestimmte Legitimationsdiskurse auf, zum Beispiel das Argument, dass die „Not des Volkes" in Kriegen und Krisen das politische Eingreifen von Frauen gegen die Feinde der Nation erfordere[7], oder der Hinweis auf die vermutete Expertise von Frauen in Fragen der Kultur, der Erziehung und der sozialen Fürsorge, die ihnen eine besondere Rolle in der Öffentlichkeit auferlege oder zusichere[8].

Eine neue „Geschlechtergeschichte des Politischen"[9] hat den Anspruch, die traditionelleren Analysen von Rechten, Strukturen

---

[4] Vgl. Elke Schüller, „Frau sein heißt politisch sein". Wege der Politik von Frauen in der Nachkriegszeit am Beispiel Frankfurt am Main (1945–1956), Königstein/Ts. 2005, S. 11–19.

[5] Vgl. Ute Planert, Antifeminismus im Kaiserreich. Diskurs, soziale Formation und politische Mentalität, Göttingen 1998.

[6] Zur NS-Zeit vgl. Kirsten Heinsohn/Barbara Vogel/Ulrike Weckel (Hrsg.), Zwischen Karriere und Verfolgung. Handlungsräume von Frauen im nationalsozialistischen Deutschland, Frankfurt a.M./New York 1997; Sybille Steinbacher (Hrsg.), Volksgenossinnen. Frauen in der Volksgemeinschaft, Göttingen 2007; zum SED-Regime vgl. Brigitte Young, Triumph of the Fatherland. German Unification and the Marginalization of Women, Ann Arbor 1999.

[7] Vgl. Eva Schöck-Quinteros/Christiane Streubel (Hrsg.), Ihrem Volk verantwortlich. Frauen der politischen Rechten (1890–1933), Berlin 2007; Christiane Streubel, Radikale Nationalistinnen. Agitation und Programmatik rechter Frauen in der Weimarer Republik, Frankfurt a.M./New York 2006, insbesondere S. 327–355.

[8] Vgl. Julia Sneeringer, Winning Women's Votes. Propaganda and Politics in Weimar Germany, Chapel Hill/London 2002, S. 19–68.

[9] Bader-Zaar/Gehmacher, Öffentlichkeit und Differenz, S. 165.

und Organisationen mit kultur- und alltagsgeschichtlichen Perspektiven auf Diskurse, Milieus und Praktiken zu verbinden. Das geschieht anhand von Quellen, die nicht nur Ereignisse und Handlungen, sondern auch Motivationen und Erfahrungen an der Basis (eben von Lieschen Müller) beleuchten. Weiterführend sind dabei Anregungen aus anderen Disziplinen – sei es die Analyse von Privatheit und Öffentlichkeit durch die feministische Politikwissenschaft, die Einbeziehung von visuellen Quellen und autobiografischen Erzählungen, oder seien es konzeptionelle Neuüberlegungen zu Themen wie Emotionen und Ritualen in der Vergangenheit. In diesem Beitrag soll es um die räumliche Dimension der Partizipation von Frauen gehen, wobei auch hier interdisziplinäre Ansätze eine große Rolle spielen. Damit wird ein Thema aufgegriffen, das in der deutschen Frauengeschichtsforschung seit langem etabliert ist, in der allgemeinen Politikgeschichte allerdings bisher weniger Beachtung gefunden hat[10].

Für die Politikgeschichte sind räumliche Begriffe nicht zuletzt deshalb hilfreich, weil sie die Ebene der Repräsentation, Symbole und Diskurse mit der Ebene der politischen Praxis im Alltag verknüpfen[11]. Sowohl in den zeitgenössischen Diskursen als auch in den historischen Analysen von Frauenrechten und von der Einbeziehung der Frauen ins öffentliche Leben sind räumliche Metaphern gang und gäbe. Da wird von „Eroberung neuer Tätigkeitsgebiete", von „getrennten Geschlechtersphären" und von einem „erweiterten Aktionsradius" gesprochen. Eine solche Verwendung räumlicher Begriffe dient dazu, wie die Anthropologin Shirley Ardener schon 1981 formulierte, Gesellschaften zu organisieren und verständlich zu machen: Aus der dreidimensionalen Welt werden Begriffe entnommen und benutzt, um Macht, Freiheit, Unterordnung, Zugehörigkeit oder Fremdheit zu evozieren. Gleichzeitig ist in der „realen Welt" die Erfahrung von Macht beziehungsweise Machtlosigkeit konkret mit Territorien, Stätten, Orten und Räumen verbunden, die für bestimmte Personen oder Personengruppen jeweils zugänglich oder versperrt sind. So wie die Kontrolle über den Raum eine Quelle von gesellschaftlicher Macht darstellt,

---

[10] Vgl. Hausen, Frauenräume, S. 21–24; Detlef Briesen/Jürgen Reulecke, Einführung, in: Wendelin Strubelt (Hrsg.), Historische Determinanten der Raumanalyse, Bonn 2007, S. 1ff. (Informationen zur Raumentwicklung 10/11–2007).
[11] Vgl. hier und im Folgenden Shirley Ardener, Ground Rules and Social Maps for Women. An Introduction, in: dies. (Hrsg.), Women and Space. Ground Rules and Social Maps, revidierte Ausgabe, Oxford 1993, S. 1–30.

so können Konflikte um die Kontrolle des Raums ein Ausdruck für die Veränderung der Verhältnisse sein[12].

Im Folgenden sollen mit Hilfe der Kategorie Raum einige Schlaglichter auf das Thema politische Partizipation von Frauen im 20. Jahrhundert geworfen werden. Zum einen geht es um das Konzept von Sphären und Räumen weiblicher Aktivität in Gemeinde und Staat. Zum anderen werden konkrete Räume vorgestellt, in denen Frauen auftraten und gemeinsam politisch aktiv wurden. Unter verschiedenen politischen Systemen konnten diese recht unterschiedlich sein. Anhand einiger Beispiele soll aufgezeigt werden, wo sich Frauen im 20. Jahrhundert organisierten, in welche Richtung sie mobilisiert wurden und wie sie bestimmte Partizipationsräume erlebten.

2. „Goldene Brücken zur Volksgemeinschaft": Raum-Bilder in einer Propagandaschrift

Im Jahr 1929 erschien ein Buch von katholischen Autorinnen mit dem Titel „Frau und Volk. Beiträge zu Zeitfragen". In der von der badischen Zentrumspolitikerin und Landtagsabgeordneten Clara Siebert verfassten Einleitung hieß es: „Das Buch kann an einem Sonntagnachmittag, an einem Werktagabend, auf der Eisenbahn, in den Ferien gelesen werden als eine Unterhaltung über große und ernste Dinge."[13] Ein durchgehendes Thema der Beiträge war die Frage, in welcher Form sich Frauen an der Politik und am öffentlichen Leben beteiligen sollten und welche Aufgaben katholische Frauen im Besonderen hatten. Die Autorinnen bemühten sich, politische Fragen lebensnah darzustellen, in Form von fiktiven Gesprächsrunden, Briefen und Tagebüchern. Auffallend im Zusammenhang mit der Frage nach den symbolischen und konkreten Partizipationsräumen sind in ihren Texten nicht nur eine Reihe von Raummetaphern, die die neuen politischen Rechte der Frau positiv konnotieren, sondern auch Beschreibungen von privaten Räumen und öffentlichen Sitzungssälen, Stadtspaziergängen, Erinnerungsorten und Reisen, die den Alltag und die Vielfalt der Partizipationsformen der Frau am politischen Leben plastisch vermitteln sollten. Auch das Buch selbst sollte als ständiger Begleiter der katholischen Frau auf die Reise gehen.

---

[12] Vgl. Alison Blunt/Gillian Rose, Introduction. Women's Colonial and Postcolonial Geographies, in: dies. (Hrsg.), Writing Women and Space. Colonial and Postcolonial Geographies, New York/London 1994, S. 1–25, hier S. 3.
[13] Clara Siebert, Vorwort, in: dies. u.a. (Hrsg.), Frau und Volk. Beiträge zu Zeitfragen, Freiburg i.Br. 1929, S. V f.

Ein Aufsatz über „Die Frau in der Volksgemeinschaft" erschien in Form einer fiktiven privaten Gesprächsrunde zwischen vier Männern und zwei Frauen, die nach einem öffentlichen Vortrag miteinander diskutieren: ein Benediktiner, ein Rechtsanwalt, ein Arzt, ein Reichstagskandidat, eine Intellektuelle (eine Lehrerin mit hervorragenden Argumenten und einer wunderbaren Altstimme) – und der eigentliche Star, eine Hausfrau. Sie stößt erst zur Diskussion hinzu, als sie mit Erfrischungen den Raum betritt, dann aber verblüfft sie die anderen, darunter ihren Ehemann, mit ihren politischen Einsichten. Im Verlauf des Gesprächs werden Argumente für die Inklusion aller Frauen als Wählerinnen und als interessierte Bürgerinnen in die Politik und das öffentliche Leben entwickelt, ohne die Institution der Familie und die traditionellen Geschlechterrollen in Frage zu stellen. Die Hausfrau tritt entschieden für das passive Wahlrecht der Frau ein: „Ich halte dieses Recht für eine Notwendigkeit unserer Zeit, für eine nationale Pflicht, und ich bin den Frauen dankbar, die sich einer so schweren Aufgabe unterziehen."[14] Sie sieht ihre eigene Pflicht zunächst in der Familie, schließt die Möglichkeit einer späteren öffentlichen Rolle aber nicht aus: „Einstweilen genügt mir die Kinderstube als Parlament". Die allgemeine Heiterkeit der Männer, die daraufhin ausbricht, verweist auf die Brisanz des Themas nicht nur in katholischen Kreisen. Aber die politisch denkende Hausfrau wird auch mit dem Gelächter der verunsicherten Männer fertig.

Die Botschaft an die Leserin ist klar: Politik ist überall, und die katholische Frau ist daher überall als Staatsbürgerin dabei. Es wird ein Panorama von Beteiligungsmöglichkeiten der Frau am öffentlichen Leben entfaltet (als Hausfrau, Berufstätige, Studentin, Gewerkschafterin, Abgeordnete), freilich auf der Basis katholischer Positionen: gegen antirepublikanische Kräfte von rechts und links, gegen den gottlosen Radikalismus, gegen den Klassenkampf und für die christliche „Volksgemeinschaft". Die „Not des Volkes" erzwingt und legitimiert die politische Beteiligung der Frau: Das bezieht sich sowohl auf den Aufbau des Wohlfahrtsstaats als auch auf Deutschland als Ganzes, das „unter den kaum ertragbaren Fesseln des Versailler Friedensdiktates"[15] zur Projektionsfläche für weibliches Engagement wird. „Über die Grenzen der engeren Heimat hinaus", heißt es, erleben katholische Mädchen durch Wande-

---

[14] Maria Rigel, Die Frau in der Volksgemeinschaft, in: ebenda, S. 1–10, hier S. 7.
[15] Maria Schwarz, Frauenberuf und Volk. Tagebuchblätter einer Studentin, in: ebenda, S. 23–53, hier S. 40.

rungen und Fahrten auf neue Weise das Vaterland[16]. Die „Tagebuchblätter" einer süddeutschen Studentin in Berlin schildern die Begegnung mit Norddeutschland und zeigen Frauen überall „mit am Werke", in Betrieben (um Fragen der Sozialpolitik zu beleuchten), im Haus des Katholischen Deutschen Frauenbunds und in der Zentrale des Verbands der weiblichen Handels- und Büroangestellten; ein Gang durch die Gärten von Sanssouci in Potsdam erinnert an die Tradition des „großen Königs"[17]. Als zentraler politischer Ort Deutschlands und als „Brennpunkt Berlins" wird der Reichstag vorgeführt: Oase in der Weltstadt, umrahmt von den Machtsymbolen der neueren deutschen Geschichte (Bismarckdenkmal und Siegessäule), aber gleichzeitig ein „reiches Arbeitsfeld" für Frauen. In einem anderen Beitrag geht der Blick an die deutschen Grenzen: In einer Münchner Ausstellung zeigt sich eine Hausfrau besonders von einem Bild beeindruckt: „Da war die Karte unseres verstümmelten Vaterlandes, aus dessen Grenzen Ausländer gewaltige Säcke mit Geld fortschleppten." Die aufgeklärte Hausfrau sollte deshalb inländische Produkte einkaufen, „statt gedankenlos oder sogar würdelos den Fremden nachzulaufen"[18].

„Frau und Volk" vermittelte eine zuversichtliche Vision von der transformativen Kraft des Weiblichen in der Politik. Diese Entdeckung biete jungen Katholikinnen „goldene Brücken zur Volksgemeinschaft"[19]. Hier sei Pionierarbeit zu leisten: „Die Sendung hat uns in ein neues Land geführt, in das Land des Berufes und der Verantwortung für die ‚Volksgemeinschaft'. Wir wollen das neue Land zu einer Heimat umprägen in geistigem und seelischem Mutter- und Schwesternsein."[20] Die expansive Bildsprache Clara Sieberts und ihrer Mitautorinnen verlor in der aufkommenden Wirtschaftskrise viel von ihrer Wirkung, als der Konsens zugunsten der politischen Partizipationsrechte der Frau, der seit 1919 bis in die äußerste Rechte des politischen Spektrums gegolten hatte, von den Nationalsozialisten in Frage gestellt wurde. Sieberts positive Vision stand auch in Kontrast zur Lage in der eigenen Partei: Obwohl bei den Reichstagswahlen 1930 etwa 60 Prozent der Stimmen für das Zentrum von Frauen abgegeben wurden, waren

---

[16] Elisabeth Stoffel, Jungmädchen und Volksgemeinschaft, in: ebenda, S. 71–82, hier S. 71.
[17] Schwarz, Frauenberuf, S. 50, ebenso im Folgenden, S. 39ff.
[18] Klara Philipp, Hausfrau und Volk, in: Siebert u. a. (Hrsg.), Frau und Volk, S. 13–22, hier S. 13f.
[19] Stoffel, Jungmädchen, S. 72.
[20] Clara Siebert, Frauenwollen und Frauensorgen, in: Siebert u. a. (Hrsg.), Frau und Volk, S. 83–109, hier S. 83.

unter 68 Zentrumsabgeordneten gerade vier Frauen. Das entsprach einem Anteil von 5,9 Prozent – weniger als bei KPD, SPD, DDP und sogar DNVP[21]. Nur in der Fantasiewelt der Frauenpropaganda waren dem weiblichen politischen Einfluss keine Grenzen gesetzt.

3. Räume, Reisen und Orte des Engagements

Der Begriff Mobilisierung impliziert „in Bewegung setzen", und ein wiederkehrender Topos in der Geschichte der Frauenpolitik ist eine Masse von Frauen, die sich eben nicht in Bewegung setzte und nicht auf den Ruf hörte: „Werdet politisch, organisiert euch, kommt zu uns". Dagegen könnte man einwenden, dass dies auch männliche Jugendliche und Erwachsene betreffe, die Organisationen und Parteien fernblieben. Aber das häufige Phänomen von Frauen als Minderheit in gemischten Organisationen, Vereinen und Parteien[22] deutet auf besondere Schwierigkeiten hin, Frauen zum öffentlichen Engagement zu bewegen. Oft verdichtete sich diese Problematik im stereotypen Bild der Hausfrau, die daheim ihre Hauptinteressen erfüllt sah. Eine Antwort darauf war, die männerbündischen Praktiken von Organisationen und Parteien aufzubrechen und frauenfreundlicher zu gestalten, eine andere, die Frauen getrennt zu organisieren, auf ihre „besonderen Bedürfnisse" und Interessen einzugehen und ihnen besondere Aufgaben zuzuteilen. Das hieß, dass Angebote vor Ort zu schaffen waren, die noch nicht organisierte Frauen anziehen sollten und die in deren Alltag einen Platz finden konnten. Politische Botschaften sollten dafür mit Hilfe von Massenmedien – Zeitungen und zunehmend auch Rundfunk – an die Frau und „ins Haus" gebracht werden. Aber kollektiv „aktivieren" und „mobilisieren" hieß auch, Frauen „aus dem Haus" zu locken und irgendwohin zu „bewegen".

Aber wohin? Der Blick auf die Orte, Plätze und Reiseziele, wo Mädchen und Frauen sich versammelten, auftraten oder hinfuhren, liefert einige Einsichten in den Alltag von Verbänden und Parteien. Was für Männervereine selbstverständlich war, galt für Frauen nicht immer. Bürgerliche Frauenorganisationen in Hannover in

---

[21] Vgl. Sneeringer, Winning Women's Votes, S. 170–267, hier S. 184f.
[22] Es gab allerdings Ausnahmen: Zum Beispiel waren Frauen als DNVP-Mitglieder Anfang der 1920er Jahre stark, in manchen Bezirksgruppen mehrheitlich vertreten. Vgl. Raffael Scheck, Die Partei als Heim und Familie. Frauen in den Ortsvereinen der Deutschnationalen Volkspartei und Deutschen Volkspartei in der Weimarer Republik, in: Schöck-Quinteros/Streubel (Hrsg.), Volk, S. 153–176, hier S. 162f.

den Jahren vor dem Ersten Weltkrieg hatten mehr Schwierigkeiten als Männer, größere Versammlungsräume zu finden, weil Wirtshäuser als Versammlungsorte für Frauen aus dem Bürgertum als ungeeignet galten[23]. Trotzdem trafen sich auch Frauen an solchen Orten mit Bewirtungsmöglichkeit, nur waren dies dann auch weiblich konnotierte Räume: Während sich in einem Berliner Bezirk Ende der 1920er Jahre die männlichen Mitglieder der DVP im Hotel „Jägerheim" trafen, hielten die Frauen ihre Versammlungen im Café „Rotkäppchen" ab[24].

In der NS-Bewegung gab es vor 1933 Spannungen zwischen Männern und Frauen, die sich unter anderem an Konflikten über Räumlichkeiten zeigten. Der Niederschrift der damaligen Gaufrauenschaftsleiterin in Berlin, Elisabeth von Gustedt, nach zu urteilen, wurde im Februar 1932 den Frauen nur „ein winziger Raum" in dem neu bezogenen, größeren Bezirksbüro Westen der Berliner NSDAP zugeteilt. Die Besprechungen müssten an einem bis dato unbekannten Ort stattfinden[25]. Darüber hinaus beklagte sich von Gustedt bei der Berliner SA-Führung, dass in den Arbeitslosenküchen, in denen die Frauenschaften für arbeitslose SA-Männer kochten, die Männer Schmutz und Unordnung hinterließen – in der Annahme, die Frauen würden schon saubermachen[26].

Der Kampf um eigene Räumlichkeiten zeigte sich am deutlichsten in der Zeit nach dem Zweiten Weltkrieg, als Frauen und Männer nach Orten für die neu gegründeten Parteien und Organisationen suchten. Als Coup betrachtete es der überparteiliche Bremer Frauenausschuss, als er von Oberbürgermeister Wilhelm Kaisen einen Raum im Rathaus zugewiesen bekam, obwohl dieser sehr klein war und zudem hinter den Damentoiletten lag. Ein Mitglied des Ausschusses erinnerte sich daran: Es war „ein ganz winziger kleiner Raum, aber er war im Rathaus. Die Toiletten haben nicht gestört. Im Rathaus konnte man doch dann leichter die Drähte ziehen."[27] Zu den öffentlichen Orten, wo organisierte Mädchen und Frauen auftraten, gehörten auch Straßen und Plätze kleinerer und größerer Städte und das Land: Dort konnten Frauen noch

---

[23] Vgl. Nancy Reagin, A German Women's Movement. Class and Gender in Hanover, 1880–1933, Chapel Hill/London 1995, S. 124.
[24] Vgl. Raffael Scheck, Mothers of the Nation. Right-Wing Women in Weimar Germany, Oxford/New York 2004, S. 151.
[25] BA Koblenz, NL 1121 von Gustedt 22, Kampf um Deutschland, S. 110.
[26] BA Koblenz, NL 1121 von Gustedt 22, Elisabeth von Gustedt an den Oberführer der SA Gruppe Berlin-Brandenburg vom 3.3.1932 (Abschrift).
[27] Hanni Lohmann, zit. in Beate Hoecker/Renate Meyer-Braun, Bremerinnen bewältigen die Nachkriegszeit, Bremen 1988, S. 109.

sichtbarer "in Bewegung sein". Dass Frauen vor dem Ersten Weltkrieg bei SPD-Demonstrationen auftraten, sollte die Solidarität der Geschlechter im Sozialismus zeigen. Bürgerliche Stimmrechtsaktivistinnen wollten nicht mit Sozialdemokratinnen verwechselt werden, versuchten im Jahr 1912 aber trotzdem, die Straßen Münchens "zu füllen": in achtzehn Kutschen, die von Schwabing zum Englischen Garten fuhren[28]. Nach dem Ersten Weltkrieg wurde das Auftreten von disziplinierten Massen in der Öffentlichkeit zu einem wichtigen Merkmal der Macht und Größe politischer Organisationen. Diese Tendenz wurde in der späten Weimarer Zeit noch stärker, als Politik sich immer mehr auf der Straße abspielte. Vor allem in Jugendverbänden – rechten wie linken – ging es in diesen Jahren nicht ohne Uniform, Fahnen und Marschieren. Geschlossenes Auftreten erschien als Erfordernis der unsicheren Zeiten. So wollten die Mitglieder des Bunds der Deutschen Mädchenbibelkreise bei der Bundestagung im Mai 1933 in Wernigerode "nicht mehr durch die Straßen schlendern und schleichen in betontem Individualismus." Dagegen zeigten sie sich in einer neuen "Bundestracht" und übten ihren neuen strafferen Stil ein: "Es gab manche Komik, denn auch das Marschieren und Eckennehmen will gelernt sein."[29]

Zum "Sich-Bewegen-in-der-Öffentlichkeit" zählte auch der patriotische Grenztourismus, der in den 1920er Jahren als eine Form des rituellen Protests gegen den Versailler Vertrag einsetzte. Die gemeinsame Reise in die "gefährdeten" Grenzgebiete, oft verbunden mit einer Tagung, sollte eine politisch mobilisierende Wirkung haben. Die Beteiligung von organisierten bürgerlichen Frauen an solchen Unternehmungen reflektierte ihr Engagement gegen Versailles, bei Kampagnen zum "Schutz des Deutschtums" jenseits der Reichsgrenzen und in Organisationen wie dem Verein für das Deutschtum im Ausland (VDA)[30]. Beim VDA wie auch bei nationa-

---

[28] Vgl. Richard Evans, The Feminist Movement in Germany 1894–1933, London 1976, S. 90.
[29] Magdalene Weller, Unsere Bundestagung, in: Unser Blatt 26 (1933) H. 7/8, S. 115–118, hier S. 118; Elizabeth Harvey, Gender, generation and politics. Young Protestant women in the final years of the Weimar Republic, in: Mark Roseman (Hrsg.), Generations in Conflict. Youth revolt and generation formation in Germany 1770–1968, Cambridge 1995, S. 184–209.
[30] Vgl. Angelika Schaser, Das Engagement des Bundes Deutscher Frauenvereine für das "Auslandsdeutschtum". Weibliche "Kulturaufgabe" und nationale Politik vom Ersten Weltkrieg bis 1933, in: Ute Planert (Hrsg.), Nation, Politik und Geschlecht. Frauenbewegungen und Nationalismus in der Moderne, Frankfurt a.M./New York 2000, S. 254–274.

listischen Jugendorganisationen waren patriotische Pilgerfahrten an die Grenze zu Polen oder nach Ostpreußen besonders beliebt; hier, am „Ort des Geschehens" und in Zusammenkünften mit den „Grenzbewohnern", sollten die Auswirkungen des Versailler Vertrags wirkungsvoll erlebt werden[31]. Die Praxis des Grenztourismus überdauerte verschiedene politische Zäsuren. Im September 1971 zum Beispiel trafen sich zwanzig ehemalige Ansiedlerbetreuerinnen der NS-Frauenschaft privat in Fulda: Zum Programm gehörte eine Besichtigung der deutsch-deutschen Grenze[32].

Diente die Gruppenreise zu einem politisch und historisch bedeutsamen Ort dazu, das Bewusstsein der Gruppenmitglieder zu schärfen, wirkte das Erlebnis „Lager" noch intensiver. Dieses Erziehungsmodell auf freiwilliger Basis verbreitete sich in den 1920er Jahren schnell bei allen politischen Jugendorganisationen, während es im Dritten Reich immer mehr mit Pflicht und Zwang verbunden – zum Beispiel in Gestalt des Arbeitsdiensts oder des Landjahrs – und zu einer dominanten Form der politischen Indoktrination für erwachsene wie für jugendliche Frauen und Männer wurde[33]. Die fremde Umgebung und die Zwangsgemeinschaft über Wochen oder Monate sollte erziehen. Zudem hoffte man darauf, dass die Lagerteilnehmer als Multiplikatoren in ihrer näheren Umgebung wirkten.

Auch nach dem Zweiten Weltkrieg fuhren junge westdeutsche Frauen und Männer verschiedener politischer Richtungen freiwillig in Lager oder Freizeiten. Aber in der Konsumgesellschaft der 1950er Jahre entstanden neue Erwartungen, die alte Rituale und Bräuche rasch außer Kraft setzten. Junge katholische Frauen und Männer wurden in getrennten wöchentlichen Heimabenden im Gemeindesaal vom Kaplan oder Priester versammelt, wobei allerdings die Kirche angesichts der Konkurrenz kommerzieller Freizeitangebote zunehmend unter dem Druck stand, immer mehr zu bieten. Jetzt mussten bessere und schönere Veranstaltungsräume und Jugendfreizeitheime geschaffen werden, wo auch Film und Tanz angeboten wurden[34].

Auch die Frauenbewegung versuchte, die Botschaft ihrer feministischen Politik an eine breitere weibliche Bevölkerung in Ver-

---

[31] Vgl. Elizabeth Harvey, Pilgrimages to the Bleeding Border. Gender and Rituals of Nationalist Protest in Germany, 1919–1939, in: Women's History Review 9 (2000), S. 201–228.
[32] Interview mit Frau B. vom 22.10.1999.
[33] Vgl. Kiran Klaus Patel, „Auslese" und „Ausmerze". Das Janusgesicht der nationalsozialistischen Lager, in: ZfG 54 (2006), S. 339–365.
[34] Vgl. Mark Edward Ruff, The Wayward Flock. Catholic Youth in Postwar West Germany 1945–1955, Chapel Hill 2005, S. 48–120.

bindung mit neuen Konsumangeboten zu bringen. Der Bremer Frauenausschuss half 1949, eine Ausstellung „Die Welt der Frau" zu initiieren, die von einem kommerziellen Unternehmen durchgeführt wurde. Allerdings untermauerte die räumliche Gestaltung dieser Ausstellung nur das altbekannte Diktum, dass feministische Politik mit dem Interesse von Frauen an Konsumgütern schwer zu verknüpfen sei. Neben der eigentlichen Verkaufsmesse, die in großen Zelten auf der Bremer Bürgerweide eröffnet wurde, stellte der Frauenausschuss in einer hölzernen Sporthalle die Tätigkeiten seiner Mitgliederorganisationen vor, in unmittelbarer Nachbarschaft von Kunstwerken und Produkten des „fraulichen Buchschaffens". Zur Eröffnung erklärte die Vorsitzende des Bremer Frauenausschusses, dass es „die Aufgabe der Frauen sei, mit gewaltloser Kraft an der Ordnung der Welt mitzuschaffen, niemals zerstörend, immer dem Frieden dienend und doch revolutionierend an der Entwicklung der menschlichen Gesellschaft mitzuwirken." Zur Enttäuschung des Frauenausschusses schienen die Bremerinnen aber doch mehr Interesse an der Verkaufsmesse zu haben als an der Ausstellung in der Sporthalle. Eine der Organisatorinnen erinnerte sich: „Die Leute interessierten sich mehr für die neuesten Kochtöpfe und Waschmaschinen, das andere war nur Drumherum." Die Bremerinnen waren erfolgreich in Bewegung gesetzt worden, aber sie schienen in eine andere Richtung gehen zu wollen, als vom Frauenausschuss erhofft[35].

4. Politisch-Werden: Prozesse und Orte

Biografien und autobiografische Zeugnisse legen die Vermutung nahe, dass es bei Frauen wie Männern sehr unterschiedliche Muster von Politisierung gibt. Ein Modell wäre der Prozess des Hineinwachsens in die Werte des Elternhauses und des Milieus, sei es sozialistisch, christlich oder konservativ-national. Im Gegensatz dazu steht das Modell der Rebellion. Dieser Prozess mag individuell sein, kann aber auch als kollektive Reaktion einer Generation erlebt werden. Ob es darüber hinaus eine spezifische Typologie der „weiblichen Politisierung" gibt, mag offen bleiben. Im Folgenden möchte ich fragen, ob es sinnvoll ist, über Politisierung auch in Verbindung mit bestimmten Orten, Räumen und dem Erlebnis, mobil zu sein, nachzudenken. Als Beispiele sollen hier autobiografische Zeugnisse von Frauen dienen, die verschiedene Funktionen im Nationalsozialismus innehatten.

---

[35] Vgl. Hoecker/Meyer-Braun, Bremerinnen, S. 115f.

Die Orte der Politisierung waren sehr unterschiedlich. Zwei Frauen erzählten von der französischen Besatzung ihrer Heimatstadt und behaupteten, dass diese Kindheitserinnerung sie zum politischen „Erwachen" gebracht habe. Jutta Rüdiger, ehemals BdM-Reichsreferentin, betonte in ihrer Autobiografie den Konflikt mit den französischen Besatzern, die die Bewegungsfreiheit der deutschen Bevölkerung beschnitten. Die Franzosen hätten 1921 in Düsseldorf „angeordnet, die Deutschen hätten vom Bürgersteig auf die Fahrbahn auszuweichen, wenn Franzosen kämen, sonst würden sie deren Reitpeitschen zu spüren bekommen"; als Elfjährige sei sie von französischen Kindern auf der Straße mit Steinen beworfen worden[36]. Auch Frau B., eine ehemalige Ansiedlungsbetreuerin der NS-Frauenschaft im „Reichsgau Wartheland", erinnerte sich an die französische Besatzung in der Eifel: „da trauten wir uns nicht auf die Straße."[37]

Das zweite Beispiel kann als ein Fall „erfolgreicher Lagerschulung" gelten. Die Memoirenschreiberin schildert ihre Politisierung als Ergebnis einer wirkungsvollen Schulungsstunde in einem Ausbildungslager für Arbeitsdienstführerinnen in Ostpreußen 1934[38]:

„So kam also Luise Rutta herein, hatte schwarze Kleidung an, einen hochgeschlossenen schwarzen Pullover, der hob sich zu ihrem hellen Haar und schmalen Gesicht ziemlich ab. [...] Es ging also über Versailles. Sie schilderte uns das sehr dramatisch, wie das Ganze in dem Saal aussah, daß Clemanceau [sic!] sitzen blieb und die Deutschen sich stehend anhören mußten, was alles auf das deutsche Schuldkonto käme. L. hatte dabei ein sehr ernstes Gesicht und ihre Stimme war tief und etwas schneidend und voller Empörung, die sich natürlich auch auf uns übertrug. Jedenfalls war das Ergebnis dieser Schulung: wir wollen uns von dieser Schande freimachen und ein anzuerkennendes Deutschland schaffen. Ja, so habe ich das in Erinnerung. [...] Mit diesem Vortrag begann es für mich überhaupt, ein bißchen politischer zu werden."

Das letzte Beispiel handelt von der Politisierung durch Erlebnisse im Ausland. Die Lehrerin Elisabeth Schneider, geboren 1902, schilderte 1935 ihren Werdegang, als sie sich für die Stelle der Bezirksjugendwartin in Oppeln bewarb. Nach einigen Jahren als

---

[36] Jutta Rüdiger, Ein Leben für die Jugend. Mädelführerin im Dritten Reich, Preußisch-Oldendorf 1999, S. 11.
[37] Interview mit Frau B. vom 22.10.1999.
[38] BA Berlin, Zsg 145/25, Maria Klein: „Führerinnenschulung in Penken-Seeben 1934".

Hauslehrerin auf einem Gut in der Grenzmark wollte sie „die Welt kennenlernen", weshalb sie 1926 nach Kairo an die deutsche Schule gegangen sei. Sie sagte dazu:

> „In dieser Zeit erwachte ich zum 1. Mal zu bewußt politischem Denken, denn ich sah Deutschland zum 1. Mal mit den Augen des Auslanddeutschtums und des Auslandes. Ich lernte Menschen aller Nationen kennen, z. T. durch die deutsche Kolonie, z. T. durch die Schülerinnen und deren Eltern."

Zurück in Deutschland, besuchte sie Versammlungen der NSDAP in Schlesien. Bei einem zweiten Aufenthalt in Kairo trat sie der NSDAP bei und „erlebte noch den 1. deutschen Tag in Ägypten", bevor sie 1934 nach Deutschland zurückkehrte. In Schneiders Erzählung wird ihr politisches Erwachen mit dem „Hinausgehen in die Welt" und mit der Erweiterung der eigenen Horizonte assoziiert. Jede Reise zwischen Schlesien und Kairo in den Jahren der Wirtschaftskrise brachte einen weiteren Schritt in ihrer Konversion von einer Unpolitischen zur aktiven Nationalsozialistin[39].

5. Raum als Ressource

Dieser Beitrag plädiert dafür, Sphären, Räume und Mobilität als Faktoren der politischen Partizipation von Frauen bewusster in den Blick zu nehmen. Am Beispiel eines Texts aus dem politischen Katholizismus wurde untersucht, wie Raum-Bilder mit mobilisierender Absicht gebraucht wurden – Metaphern wie „Aktionsfeld" und „neues Land" sollten die Offenheit des politischen und gesellschaftlichen Systems suggerieren, Darstellungen von Landschaften und Landkarten an die Einheit und den Zusammenhalt des nationalen Staats erinnern. Darüber hinaus wurden hier Räume als Elemente der organisatorischen Praxis und des Alltags der weiblichen Politisierung und der Partizipation angesprochen. Wenn Frauen sich außer Haus zu einem öffentlichen oder politischen Zweck treffen wollten, stellte sich die Frage nach Ort, Raum, Zugang und Kontrolle. Räumlichkeiten waren Ressourcen, die Status und Macht demonstrieren konnten oder relative Unterordnung, zum Beispiel wenn Frauengruppen von Männern die kleinsten Räume zugewiesen bekamen. Auch die Erfahrung des Raums außerhalb der unmittelbaren Heimat in Form von Reisen, Verbandstreffen, Lagern und Freizeiten konnte politische Wirkungen haben: Sie konnte die Bindungen an eine Organisation befördern und festigen. Sie konnte auch den territorialen Umfang des deut-

---

[39] BA Berlin, R 49.01, 3300/7, Elisabeth Schneider.

schen Staats erlebbar machen, dessen Grenzen häufigen Änderungen unterworfen waren und damit den äußeren Rahmen der politischen Partizipation immer wieder neu absteckten.

Systematische Untersuchungen der politischen „Partizipationsräume" in der Geschlechtergeschichte können in vielerlei Hinsicht produktiv sein. Die vielfältigen Bedeutungen und der differenzierende Gebrauch des Terminus Raum stellen allerdings eine Herausforderung dar: Gerade die Zusammenhänge zwischen Diskursen, Vorstellungen und konkreten Erfahrungen von verschiedenen Räumen verlangen nach Klärung, sind aber zugleich schwer zu entwirren. Hier besteht noch erheblicher Forschungsbedarf. So wäre zum Beispiel wichtig, auch die politische Rolle der Männer in den Blick zu nehmen. Dabei darf nicht übersehen werden, dass auch Männer Macht oder Machtverlust im Zusammenhang mit Räumen begriffen und in bestimmten Praktiken und Auftritten ausdrückten und dass sie Frauen in männlich konnotierten Machtzonen zuließen oder aussperrten.

Ein letzter Punkt betrifft ein übergreifendes Thema dieses Bands: die Politisierung der „Durchschnittsfrau", die häufig als normativer und irreversibler Prozess der Verwandlung dargestellt wird, als eine Art von Aufklärung, wo sich die Horizonte erweitern, die Dinge klarer sichtbar werden und der Weg in die Aktion vorbereitet wird. Zu überlegen wäre auch, ob es eine Typologie für den Prozess gibt, in dem Frauen – individuell oder kollektiv – politisch demobilisiert wurden. Man könnte also auch danach fragen, wann und wo Lieschen Müller unpolitisch wurde und endgültig sowohl metaphorisch wie konkret „zu Hause blieb".

Michael Schwartz
Frauenpolitik im doppelten Deutschland
Die Bundesrepublik und die DDR in den 1970er Jahren

1. Politik von und für Frauen

Frauenpolitik ist ein doppeldeutiger Begriff. Er meint sowohl „Politik für Frauen" als auch „von Frauen gemachte Politik". Als Politik für Frauen wurde Frauenpolitik – nicht nur in Deutschland – sehr lange von Männern bestimmt. In Studien zur Familienpolitik der Bundesrepublik Deutschland zwischen 1949 und 1975 ist die am häufigsten genannte Person ein männlicher Politiker – Franz Josef Wuermeling, der langjährige Bundesfamilienminister der Ära Adenauer. Der wirkmächtigste Frauenpolitiker der DDR war vermutlich Erich Honecker. Gleichwohl ist zu beobachten, dass Politik für Frauen im Laufe der Zeit immer stärker auch von Frauen gemacht wurde – dies gilt sowohl für die Bundesrepublik als auch für die DDR. Diese Feminisierung der Frauenpolitik erfolgte auf drei Ebenen: im politischen System durch den zunehmenden Einfluss von Frauen in Entscheidungsgremien und Bürokratien; in der Gesellschaft durch die wachsende Bedeutung der Artikulation frauenspezifischer Interessen durch eine breite „Frauen-Basis"; an der Schnittstelle des politischen Lobbyismus durch den Aufbau organisierter Interessengruppen – von der feministischen Frauenbewegung bis hin zu katholisch-konservativen Frauengruppen.

Die 1970er Jahre waren eine wichtige Umbruchphase in der Frauenpolitik – nicht nur im geteilten und daher doppelten Deutschland, sondern weltweit. Heftig umstrittene Reformvorhaben wie die Liberalisierung des Abtreibungs-Strafrechts machen diesen Wandel offenkundig. Ein derart auffälliger Politik-Wechsel war jedoch nur die Spitze des Eisbergs – die Folge längerfristiger Veränderungsprozesse in der Gesellschaft. Wichtige Vorbedingungen für politische Reformen stellten insbesondere die ansteigende Erwerbstätigkeit von Frauen und ihre wachsende Bildungsqualifikation dar. Denn die verstärkte Berufstätigkeit der Frau und ihre Integration in die Arbeitsgesellschaft lösten einen gesellschaftlichen Wertewandel aus, auf den auch die politischen Systeme – gleichgültig, ob in West oder Ost – reagieren mussten. Freilich führten diese gesellschaftlichen Wandlungen nicht nur zu politischen Liberalisierungsprozessen, sondern auch zu neuen politischen Steuerungsversuchen etwa im Bereich der geburtenfördernden Bevölkerungspolitik. Die genannten Entwicklungen stehen im Zentrum dieses Beitrags, der den Blick auf beide deutsche Staaten richtet und damit zugleich Einsichten über Parallelentwicklungen in West und Ost ermöglicht.

2. Frauenerwerbstätigkeit und Frauenbildung

Im Gegensatz zur Kriegs- und Nachkriegszeit, die in vielen Ländern Europas von erhöhter Frauenerwerbstätigkeit geprägt war, brachten die 1950er und frühen 1960er Jahre eine tendenzielle Rückkehr zur klassischen bürgerlichen Familie (mit Hausfrauenehe), ohne dass freilich die Entwicklung hin zu einer verstärkten Berufstätigkeit von Frauen beziehungsweise Müttern und zur Verbesserung weiblicher Bildungschancen zum Stillstand gekommen wäre. Ein zweiter Umbruch ereignete sich um 1970 und führte europaweit zu stark ansteigender Frauenerwerbsarbeit sowie zu einer Pluralisierung der Beziehungsmodelle. Dabei gab es in Europa große Unterschiede zwischen kriegsbetroffenen und -verschonten Ländern sowie zwischen Ost und West.

Zwischen den beiden deutschen Staaten waren diese Unterschiede besonders groß. Spricht man über Frauenpolitik nach 1945, stößt man zuerst auf die hohe Frauenerwerbsquote in der DDR, die im Jahr 1988 – je nach Rechnung – zwischen 81 und 91 Prozent erreicht haben soll; auf jeden Fall bewegte sie sich auf internationalem Spitzenniveau. Demgegenüber war 1980 in der Bundesrepublik nur ein Drittel aller Frauen durchgehend erwerbstätig, ein weiteres Drittel unterbrach die Erwerbsarbeit aufgrund von Mutterschaft vorübergehend, das letzte Drittel schied deshalb dauerhaft aus dem Berufsleben aus[1].

Es wäre verfehlt, die DDR-Frauenpolitik auf eine erfolgreich „gesamtgesellschaftlich verwirklichte Gleichberechtigung der Frauen" über „Berufsorientierung" zu reduzieren, um so leichter das Feindbild einer rückständigen Bonner Frauenpolitik mit ihrer „Familienorientierung" kritisieren zu können. Die DDR-Frauenpolitik wollte nicht nur eine größtmögliche Berufsorientierung, sondern vielmehr die Kombination von hohen Erwerbsquoten und hohen Geburtenraten. Mit Blick darauf vertritt Ina Merkel die These, die ostdeutsche Entwicklung sei der europäische „Normalfall" gewesen, während die

---

[1] Vgl. Rainer Geißler, Die Sozialstruktur Deutschlands. Zur gesellschaftlichen Entwicklung mit einer Bilanz zur Vereinigung, Opladen ²1996, S. 242.

Frauenpolitik der alten Bundesrepublik „hoffnungslos rückständig" geblieben sei[2]. Dieses Urteil verzerrt freilich die Wirklichkeit. Die Frauenerwerbsquote in Europa stieg von 33 Prozent im Jahr 1950 auf 36 Prozent im Jahr 1970 und auf 43 Prozent im Jahr 2000[3]. Zwischen 1945 und 1989 war die Frauenerwerbsquote in den kommunistischen Ländern durchschnittlich höher als in Westeuropa, allerdings nicht wesentlich höher als in Skandinavien oder Großbritannien. Das kommunistische Osteuropa hatte frühzeitig einen besonders hohen Anteil erreicht, während im engeren Westeuropa – Frankreich, Belgien und Bundesrepublik Deutschland – nur eine schwache Zunahme der Frauenerwerbsarbeit erfolgte. Folglich repräsentieren beide deutsche Teilgesellschaften sehr unterschiedliche Entwicklungstrends: Die Bundesrepublik war nicht so „hoffnungslos rückständig" wie viele Länder Südeuropas, aber doch von begrenzter Frauenintegration in den Arbeitsmarkt geprägt; die DDR repräsentierte nicht den europäischen Normalfall, sondern zweifellos den Extremfall einer möglichst alle Frauen integrierenden Arbeitsgesellschaft.

Zunächst waren die gesellschaftlichen Realitäten der Nachkriegszeit viel ähnlicher, als die divergenten Politikkonzepte West- und Ostdeutschlands ahnen lassen. In den ersten Jahren nach 1945 relativierte auch im Westen eine beträchtliche Zahl erwerbstätiger Frauen die Familienorientierung der Politik. Umgekehrt bot die frühe DDR keineswegs jenes eindeutig erwerbsorientierte Bild späterer Jahrzehnte. Die Erwerbsarbeit von Frauen beschränkte sich in der DDR um 1950 noch weitgehend auf klassisch frauenspezifische Teilarbeitsmärkte; ansonsten wurden Frauen lediglich als „Manövriermasse" behandelt, um den Mangel an männlichen Arbeitskräften zu beheben. Noch stärker hemmend wirkten tradierte Vorurteile. Die Soziologin Heike Trappe spricht selbst für die 1970er und 1980er Jahre, als sich in der DDR vieles verändert hatte, noch von einer anhaltenden gesamtdeutschen Gemeinsamkeit: In der „gesellschaftliche[n] Praxis" beider Staaten habe „die Einbeziehung der Frauen in die Berufsarbeit nicht automatisch zu einer Verringerung der geschlechtsspezifischen Arbeitsteilung im Erwerbsbereich und in den Familien geführt"[4].

---

[2] Ina Merkel, Leitbilder und Lebensweisen von Frauen in der DDR, in: Hartmut Kaelble/Jürgen Kocka/Hartmut Zwahr (Hrsg.), Sozialgeschichte der DDR, Stuttgart 1994, S. 359–382, hier S. 379.
[3] Vgl. zu den Zahlen Hartmut Kaelble, Sozialgeschichte Europas. 1945 bis zur Gegenwart, München 2007, S. 74, S. 47f. und S. 75f.
[4] Heike Trappe, Emanzipation oder Zwang? Frauen in der DDR zwischen Beruf, Familie und Sozialpolitik, Berlin 1995, S. 20.

Objektive Unterschiede bleiben auch ohne Überzeichnung bedeutsam genug. Zu Recht wird von einer frühzeitigeren und entschiedeneren Gleichberechtigungspolitik im SED-Staat gesprochen, während die 1949 erlassene entsprechende Verfassungsnorm der Bundesrepublik bis weit in die 1950er Jahre hinein suspendiert blieb. Es trifft auch zu, dass in der DDR von Anfang an das verfassungsmäßige „Recht der Frau auf Arbeit" postuliert und zunehmend realisiert wurde, während im Westen am Leitbild der Hausfrau und Mutter festgehalten und eine „Restauration der traditionellen Geschlechterordnung"[5] versucht wurde. Die Folge war, dass selbst das 1957 erlassene „Gleichberechtigungsgesetz" keine volle Gleichberechtigung erbrachte, sondern die Hausfrauenehe als Normalfall festschrieb und weibliche „Erwerbstätigkeit nur im Notfall mit Zustimmung des Ehemannes" zulassen wollte[6]. Der Hinweis, erst wachsender Arbeitskräftemangel habe in der Bundesrepublik seit den 1960er Jahren den Frauen auf dem Arbeitsmarkt wachsenden Stellenwert zukommen lassen, was die westdeutsche Frauenerwerbsquote von 45 Prozent 1969 auf 60 Prozent 1989 anhob[7], deutet darauf hin, dass für den Ausbau der Frauenemanzipation (vermehrte soziale Kontakte, vermehrte soziale Anerkennung und Verfügung über eigenes Einkommen) stets die ökonomische „Basis" ausschlaggebend gewesen ist. Das war in der DDR nicht anders: Zwar soll man die ideologisch-emanzipatorischen Antriebe der SED-Frauenpolitik nicht unterschätzen, doch auch im SED-Staat waren letztlich demografische und ökonomische Zwänge für die erhebliche Expansion der Frauenerwerbsarbeit entscheidend. Die Frauenerwerbsquote wurde in der DDR von 52,4 Prozent im Jahr 1950 auf 65,2 Prozent im Jahr 1960 gesteigert[8] – überwiegend durch Frauenarbeit in den „untersten" Bereichen, wo in Landwirtschaft oder Industrie nun Frauen jene gering qualifizierten Tätigkeiten verrichteten, die bis 1945 ausländischen Zwangsarbeitern vorbehalten gewesen waren und die in der Bundesrepublik ausländischen „Gastarbeitern" überlassen wurden.

---

[5] Ute Gerhard, Die staatlich institutionalisierte „Lösung" der Frauenfrage. Zur Geschichte der Geschlechterverhältnisse in der DDR, in: Kaelble/Kocka/Zwahr (Hrsg.), Sozialgeschichte der DDR, S. 383–403, hier S. 392.

[6] Gisela Helwig, Frau und Familie in beiden deutschen Staaten, Köln 1982, S. 121 f.

[7] Vgl. Geißler, Sozialstruktur, S. 243.

[8] Vgl. Adelheid zu Castell, Die demographischen Konsequenzen des Ersten und Zweiten Weltkriegs für das Deutsche Reich, die Deutsche Demokratische Republik und die Bundesrepublik Deutschland, in: Waclaw Długoborski (Hrsg.), Zweiter Weltkrieg und sozialer Wandel. Achsenmächte und besetzte Länder, Göttingen 1981, S. 117–137, hier S. 135.

In beiden Staaten wurden in den 1940er und 1950er Jahren viele Frauen durch soziale Notlagen zur Berufstätigkeit regelrecht gezwungen. Dieser Zwang schuf die Voraussetzungen für ein neues Frauenbild, blieb jedoch sozial asymmetrisch. Gerade in „bürgerlichen" Schichten blieb Frauenerwerbstätigkeit verpönt. Dies gilt keineswegs nur für den Westen: 1958 waren in der DDR lediglich in 18,3 Prozent der Familien auch die Ehefrauen berufstätig[9]. Es steht zu vermuten, dass erwerbstätige Frauen zu jener Zeit vor allem im Arbeiter- und Bauernmilieu zu finden waren – (nach)kriegsbedingt ergänzt durch viele alleinstehende Frauen.

Bis zuletzt unterschied man nicht nur in der vermeintlich rückständigen Bundesrepublik, sondern ebenso in der DDR zwischen „Frauen- und Männerberufen", und Männer dominierten in technischen Bereichen eindeutig. In beiden Arbeitsgesellschaften wurden Frauen häufiger als Männer unterhalb ihres Qualifikationsniveaus eingesetzt. Die Einkommensdifferenz fiel in der DDR zwar deutlich geringer aus als in Westdeutschland, doch kamen auch DDR-Frauen in den 1980er Jahren nur auf 78 Prozent der durchschnittlichen Nettoeinkommen der Männer[10]. Daraus resultierte für bestimmte Gruppen von Frauen ein höheres Armutsrisiko. In der DDR traf dies vorwiegend Rentnerinnen, in der Bundesrepublik alleinerziehende Mütter.

In der DDR entwickelte die Arbeitsvergesellschaftung von Frauen ein rasantes Tempo. Mitte der 1960er Jahre waren in der DDR bereits über 70 Prozent aller erwerbsfähigen Frauen erwerbstätig, in der Bundesrepublik noch 1970 weniger als 35 Prozent. Die dahinter stehende Frauenarbeitspolitik der SED war primär eine pragmatische Reaktion auf Demografie und Arbeitskräftemangel, zugleich aber auch emanzipationsideologisch motiviert. Die Entwicklung im SED-Staat war aber nicht nur politikinduziert, sondern auch die Folge eigendynamischer „Organisation des ‚Überlebens'" vieler Frauen[11] und damit Alltagspolitik von unten. Dennoch wird man die beschleunigende Wirkung der DDR-Gleichstellungspolitik nicht verkennen können, auch wenn sich ehrgeizige Ziele oft rasch wieder verloren: So waren Frauenquoten zur Arbeitsmarktintegration nur bis 1953 verbindlich und wurden dann fallen gelassen. Die offiziellen Frauenförderpläne des Staats wurden in vielen DDR-Betrieben lange nahezu ignoriert[12].

---

[9] Vgl. Gesine Obertreis, Familienpolitik in der DDR 1945–1980, Opladen 1986, S. 70.
[10] Vgl. Geißler, Sozialstruktur, S. 243f.
[11] Vgl. Gerhard, „Lösung" der Frauenfrage, S. 389, das Zitat S. 386.
[12] Vgl. Johannes Frerich/Martin Frey, Handbuch der Geschichte der Sozial-

Verstärkt seit 1958 war DDR-Frauenarbeitspolitik bewusste Qualifizierungspolitik. Diese konzentrierte sich auf die junge Generation, der sich damit oftmals neue Lebenschancen eröffneten. Die Qualifikationschancen der jungen Frauengeneration stiegen binnen zwanzig Jahren beträchtlich: Die Volkszählung von 1971 zeigte, dass nur 18,6 Prozent aller Frauen über 65 Jahren eine abgeschlossene Berufsausbildung besaßen, hingegen lag der Anteil bei den Frauen zwischen 20 und 30 Jahren bei 78,2 Prozent[13]. Insbesondere setzte sich in der DDR – viel stärker als in der Bundesrepublik – der in der Weimarer Republik begonnene und in den so genannten Friedensjahren des NS-Regimes zeitweilig unterbrochene Trend steigender Studentinnenzahlen fort. So betrug der Frauenanteil an sämtlichen Studierenden der DDR 1953 ein Viertel, während er 1952 in der Bundesrepublik nur bei 17 Prozent lag[14]. Später stagnierte die Studentinnenquote der DDR bis Mitte der 1960er Jahre bei etwa 28 Prozent. Die SED reagierte darauf ab 1961/62 mit einer Qualifizierungskampagne. Es folgten gesetzliche Weisungen zur Erhöhung des Anteils von Frauen in technischen Berufen und in leitenden Funktionen (1962), über Frauenaus- und -weiterbildung in technischen Berufen (1966), über Frauensonderklassen an Fachschulen (1967) und die Einführung eines Frauensonderstudiums (1967/69). Auch die neue DDR-Verfassung von 1968 ging über die emanzipatorischen Normen ihrer Vorläuferin von 1949 insofern hinaus, als die „Förderung der Frau" fortan „besonders in der beruflichen Qualifizierung" ihren Ausdruck finden sollte. Infolgedessen stieg der Anteil weiblicher Studierender in der DDR binnen fünf Jahren von 28,3 Prozent 1965 auf 42,5 Prozent 1970 und erreichte 1977 sogar 59,9 Prozent. Damit hatte die DDR auf diesem Gebiet die Bundesrepublik klar überrundet, wo der Frauenanteil unter Studierenden 1975 erst 36 Prozent betrug.

Erwerbsarbeit und Höherqualifikation von Frauen waren im Ostblock früher üblich und weiter verbreitet als in großen Teilen Westeuropas. Zwar verdoppelte sich der Anteil der Studentinnen in Westeuropa zwischen 1950 und 1975 von 22 Prozent auf 39 Pro-

---

politik in Deutschland. Bd. 2: Sozialpolitik in der Deutschen Demokratischen Republik, München/Wien ²1996, S. 398.

[13] Vgl. hier und im Folgenden v.a. Obertreis, Familienpolitik, S. 330; Gunilla-Friederike Budde, Frauen der Intelligenz. Akademikerinnen in der DDR 1945 bis 1975, Göttingen 2003, S. 402f.

[14] BA Berlin, DE 1/422, Bl. 26–41, hier Bl. 35f., Staatliche Plankommission der DDR, Denkschrift über „Die Entwicklung des Lebensstandards in der D.D.R. in den Jahren 1950–1954" vom 20.7.1954; vgl. auch Statistisches Jahrbuch für die Bundesrepublik Deutschland 1953, S. 96.

zent, während er in Osteuropa 48 Prozent betrug – was auch der damalige DDR-Schnitt war. Der Frauenanteil unter den Studierenden an Hochschulen hatte 1965 in der Bundesrepublik mit 27 Prozent noch etwas höher gelegen als in der DDR (26 Prozent); doch schon 1970 hatte sich diese Relation deutlich verändert (31 beziehungsweise 35 Prozent), und bis 1975 war sie schon weit auseinander gedriftet – mit 36 Prozent im Westen und 48 Prozent im Osten. Während die DDR diese Quote bis 1989 kaum noch steigern konnte, stieg der Frauenanteil unter westdeutschen Studenten langsam auf 41 Prozent an. Der massenhafte Aufstieg von Frauen in akademische Berufspositionen erfolgte in der DDR also eine Generation früher als in der Bundesrepublik. 1978 stellten Frauen 20 Prozent der Ärzte und 51 Prozent der Apotheker in der Bundesrepublik, im SED-Staat waren dies zur selben Zeit 49 Prozent der Ärzte und 64 Prozent der Apotheker[15].

Trotz dieser Entwicklung vermochten Frauen in der DDR niemals in die innersten SED-Machtzentren vorzustoßen. 1981 war zwar ein Drittel aller SED-Mitglieder weiblichen Geschlechts – gegenüber Frauenanteilen zwischen zehn Prozent (CSU) und 17 Prozent (SPD) in der Bundesrepublik –, doch im Zentralkomitee der SED fanden sich nur 12 Prozent weibliche Vollmitglieder, im Politbüro hatten es einzelne Frauen nur zur Kandidatinnen, nie aber zum Vollmitglied gebracht. Auf der höchsten Regierungsebene sah es nicht viel besser aus: 1981 fand sich im Bonner Kabinett und im Ost-Berliner Ministerrat nur je eine Frau als Ministerin. Parlamentarisch waren Frauen in der DDR stets besser repräsentiert: Schon 1949 stellten sie 16 Prozent der Volkskammerabgeordneten, um 1976 auf ein volles Drittel anzusteigen. Demgegenüber waren 1949 nur sieben Prozent der Bundestagsabgeordneten Frauen, zwischen 1965 und 1976 waren noch weniger Frauen im Bundestag vertreten als in der Gründungsperiode, 1980 wurden dann 8,5 Prozent erreicht[16]. Diese Form der Partizipation von Frauen war folglich im politischen System der DDR weit besser als in der Bundesrepublik, bezeichnenderweise jedoch in jenen Gremien am höchsten, die faktisch über die geringste Macht verfügten.

Die massiv gesteigerte Erwerbstätigkeit von Frauen in der DDR führte nur begrenzt zu einer neuen Aufgabenteilung von Mann und Frau bei familiärer Hausarbeit und Kindererziehung. Im Vergleich stellte sich jedoch in den 1980er Jahren die partnerschaftliche

---

[15] Vgl. u.a. Gerold Ambrosius/William H. Hubbard, Sozial- und Wirtschaftsgeschichte Europas im 20. Jahrhundert, München 1986, S. 107.
[16] Vgl. Helwig, Frau, S. 112–115; Budde, Frauen, S. 331f.

Arbeitsteilung in der DDR besser dar als in der Bundesrepublik. Die Politik beschränkte sich lange auf Appelle, bevor sie ab 1972 der Überbelastung von Frauen durch arbeitsrechtliche Sonderregelungen Rechnung zu tragen suchte. Zuvor hatten Frauen längst begonnen, eigene Strategien zu entwickeln – zum einen durch Ausdifferenzierung eines breiten Teilzeitarbeitssektors, zum anderen durch individuelle Familienplanung, das heißt durch bewusste Geburtenreduzierung.

Die Zahl der teilzeitbeschäftigten Frauen stieg in der DDR in den 1960er Jahren rasant an: Von neun Prozent 1958 auf über 30 Prozent 1970. Teilzeitarbeit von Frauen war erst durch das 1961 neu geschaffene Gesetzbuch der Arbeit (GBA) möglich geworden, in dieser Breite vom SED-Regime jedoch keineswegs gewünscht, sondern Folge einer von jüngeren Frauen „selbstbewusst" gewählten persönlichen „Ideallösung" zur Vereinbarung von Beruf und Familie. Das GBA sah „Teilbeschäftigung" nur als Sonderfall für solche Frauen (nicht für Werktätige beiderlei Geschlechts!) vor, „die durch familiäre Pflichten vorübergehend verhindert" seien, eine volle Erwerbsarbeit aufzunehmen. Plötzlich beriefen sich auf dieses „Sonderrecht" aber auch Frauen[17], die bereits vollzeiterwerbstätig waren und darin die Chance sahen, ihre Arbeitsbelastung zu reduzieren. Seit Mitte der 1960er Jahre versuchte das SED-Regime, den unerwünschten Trend zur Teilzeitarbeit einzudämmen. Der Erfolg blieb begrenzt: Zwar gelang es der SED, den weiteren Ausbau abzubremsen, doch noch 1989 waren 27 Prozent der erwerbstätigen Frauen teilzeitbeschäftigt. Dieses Beispiel zeigt, wie eigendynamische Frauenpolitik von unten staatlich konzipierte Spielräume umfunktionierte und für die Verwirklichung eigener Interessen nutzte.

3. Zwischen Pflicht und Selbstentfaltung: Wertewandel in Sexualität und Familie

Der geschilderte soziostrukturelle Wandel ab 1945 führte um 1970 einen tiefgreifenden Wertewandel in den europäischen Gesellschaften herbei. Das galt in gleichem Maße für die beiden deutsch-deutschen Nachbarn. Hierfür hatte bereits die Nachkriegszeit Anstöße gegeben, aber die eigentliche „Zeit der Individualisierung und Säkularisierung" liegt zwischen den 1960er und 1980er Jahren. Damals

---

[17] Almut Rietzschel, Teilzeitarbeit in der Industrie. Ein „Störfaktor" auf dem Weg zur „Verwirklichung" der Gleichberechtigung, in: Peter Hübner/Klaus Tenfelde (Hrsg.), Arbeiter in der SBZ/DDR, Essen 1999, S. 169–184, die Zitate S. 170, S. 173 und S. 182.

war eine „wachsende Permissivität" in der jüngeren Generation festzustellen, die „eine zunehmend liberalere Haltung bei Themen wie Abtreibung, Scheidung, Sterbehilfe, Homosexualität, ehelichen Seitensprüngen und Prostitution" an den Tag legte[18]. Gleichzeitig sanken nach einem bis 1964 anhaltenden Nachkriegsboom in ganz Europa die Geburtenzahlen drastisch, während die Zahl der Ehescheidungen zunahm. Dass der massive Geburtenrückgang langfristig betrachtet nur „eine Normalisierung, eine Rückkehr zum säkularen Trend der industriegesellschaftlichen Moderne" war, den Weltkriege und Wiederaufbau nur unterbrochen hatten[19], konnte konservative Bevölkerungspolitiker (vom CDU-Familienminister Wuermeling bis zum in dieser Hinsicht traditionalistischen SED-Parteichef Walter Ulbricht) kaum trösten. Zwischen 1968 und 1975 lagen in Europa nur noch Griechenland und Irland über dem Bestandserhaltungsniveau von durchschnittlich 2,1 Kindern pro Frau, während der westeuropäische Durchschnitt 1,7 betrug und die Bundesrepublik nur 1,4 erreichte. Der Ost-Durchschnitt lag bei 2,2, in der DDR nur bei 2,0. Bis 1975 fiel in beiden deutschen Staaten die Geburtenrate massiv, zugleich etablierte sich auf niedrigem Niveau ein Geburtenvorsprung der DDR, der bis 1989 anhielt. Parallel zum Geburtenrückgang stiegen die Scheidungsraten in ganz Europa drastisch an – was insbesondere eine ökonomisch basierte größere Selbständigkeit erwerbstätiger Frauen signalisierte.

4. Liberalisierung des Schwangerschaftsabbruchs um 1970

Reformen des Abtreibungsrechts lassen sich stets als Auswirkungen eines längerfristigen Wandels in Strukturen und Werten begreifen. In großen Teilen des Ostblocks war schon 1956/57 eine Liberalisierung des Abtreibungsrechts in Richtung einer Fristenlösung (UdSSR) beziehungsweise einer sehr weit gehenden sozialen Indikationsregelung (Polen) erfolgt. Eine Ausnahme machte die DDR, die ihre restriktive medizinisch-eugenische Indikationenregelung von 1950 bis 1965, formell sogar bis 1972 beibehielt. Der internationale Reformtrend erlebte um 1970 – diesmal im Westen – einen neuerlichen Höhepunkt: 1967 in England, sodann in Skandinavien. Am weitesten ging die Liberalisierung in den USA, wo – nach bislang restriktiver Gesetzgebung – die US-Staaten Alaska, Hawaii und New York

---

[18] Kaelble, Sozialgeschichte, S. 124f.
[19] Andreas Rödder, Wertewandel und Postmoderne. Gesellschaft und Kultur der Bundesrepublik Deutschland 1965–1990, Stuttgart 2004, S. 14.

1970 nach heftigen öffentlichen Debatten überraschend das Recht der Schwangeren auf selbstbestimmten Schwangerschaftsabbruch anerkannten. Vor diesem Hintergrund begannen in den 1970er Jahren vehemente Reformdebatten auch in den bisher eher konservativen Gesellschaften Frankreichs und der Bundesrepublik Deutschland, die dort 1975/76 in neue Gesetze mündeten.

In beiden deutschen Staaten zeigte sich beim Thema Schwangerschaftsabbruch damals ein blockübergreifender Wertewandel. Die Bundesrepublik und die DDR hatten sich bis etwa 1970 in dieser Frage eher beschränkend und pronatalistisch präsentiert; sie hatten beide um 1950 eine restriktive Rechtslage etabliert und diese trotz beginnender Reformen im jeweiligen „Block" möglichst lange beibehalten. Auch nach 1970 waren die Entwicklungen nicht unabhängig voneinander: Das DDR-Fristenmodell scheint 1972 nicht nur mit Rücksicht auf die liberale Regelung im kommunistischen Polen, sondern auch auf eine sich abzeichnende Fristenregelung in der Bundesrepublik und mögliche Einwirkungen der westdeutschen Frauenbewegung auf die Frauen im SED-Staat verabschiedet worden zu sein. Es galt für einige Jahre in linksliberalen Medien Westdeutschlands als vorbildlich modern, und das 1974 in Westdeutschland eingeführte Fristenmodell wies so große Ähnlichkeiten mit der DDR-Reform von 1972 auf, dass es von der SED schwerlich angegriffen werden konnte; erst dessen Scheitern vor dem Bundesverfassungsgericht 1975 und die Ersetzung durch ein begrenztes Indikationenmodell 1976 bot der DDR-Presse bestes Propagandamaterial gegen die vermeintliche westdeutsche Rückständigkeit. Genüsslich verwies das „Neue Deutschland" darauf, dass „die Bundesrepublik einer der letzten europäischen Staaten sei, der an der Beibehaltung dieses frauenfeindlichen Paragraphen festhält", während „in Dänemark, der DDR, Frankreich, Österreich, Schweden, der Sowjetunion und den USA [längst] nach der Fristenlösung verfahren" werde. Westdeutschland – so die Botschaft – sei finsteres Mittelalter, die DDR hingegen liege im Mainstream internationaler Modernität[20].

Anders als in der DDR vollzog sich in Westdeutschland der damit einhergehende Wertewandel – wie ihn die CDU/CSU-Opposition ausdrücklich beklagte – ab 1971 in öffentlichen Konflikten. Das Neue an den 1970er Jahren war, dass die Abtreibungsreform nicht länger kleinen Zirkeln von Politikern, Juristen, Medizinern und

---

[20] Michael Schwartz, „Liberaler als bei uns"? 1972 – Zwei Fristenregelungen und die Folgen. Reformen des Abtreibungsstrafrechts in Deutschland, in: Udo Wengst/Hermann Wentker (Hrsg.), Das doppelte Deutschland 1949–1989, Berlin 2008, S. 183–212, hier S. 210.

Kirchenvertretern überlassen blieb, sondern zum Gegenstand breiter gesellschaftlicher Debatten und zu einem wesentlichen Anstoß zur Formierung einer neuen Frauenbewegung wurde. Im Juni 1971 gingen 374 deutsche Frauen mit dem Bekenntnis „Wir haben abgetrieben" an die Öffentlichkeit. Sie folgten damit dem Vorbild einer ähnlich großes Aufsehen erregenden französischen Aktion. Diese außerparlamentarische Provokation stärkte Reformbefürworter in der Politik: Auf dem SPD-Parteitag vom November 1971 setzten sich Anhänger einer Fristenregelung mit überwältigender Mehrheit gegen das begrenzte Reformmodell der eigenen SPD-Minister und der Parteiführung durch. Die CDU/CSU-Opposition war in dieser Frage ebenfalls gespalten, auch wenn ihre Vorschläge restriktiver ausfielen als die der Regierungsparteien. Auch hier gab es eine wachsende Kluft zwischen Führung und Basis. „Selbst viele Katholiken sind für eine Reform", titelte die Frankfurter Rundschau im Herbst 1971[21]. Folglich dürfte die Tatsache, dass die Union in den Bundestagswahlen vom November 1972 viele weibliche Wähler an die SPD verlor, auch mit diesem Wertewandel an der katholischen Basis zu tun gehabt haben, der bisherige Milieubindungen aufbrach. Die Regierung Brandt setzte letztlich nur einen gesellschaftlichen Reformtrend um.

Die Abtreibungsreform in der DDR wurde im Vergleich zur Bundesrepublik durch einen sehr begrenzten öffentlichen Diskurs flankiert. Entsprechend dem Diktaturcharakter des SED-Staats war eine solche Publizität nur deformiert oder indirekt über die in die DDR hineinwirkenden Westmedien möglich. Bei der Abstimmung der DDR-Volkskammer über das neue Abtreibungsgesetz wagten im März 1972 einige Abgeordnete der Ost-CDU, aus Gewissensgründen dagegen zu stimmen – in der SED-Diktatur eine absolute Ausnahme: Sie durften aber kein Wort der Kritik äußern. Trotz dieser Einschränkungen wirkte sich der Wertewandel in der DDR mindestens so stark aus wie in Westdeutschland – und wurde wesentlich von Frauen befördert. Vor diesem Hintergrund erklärt sich die überraschende DDR-Abtreibungsreform von 1972 mit einem längerfristigen Meinungswandel in den 1960er Jahren, in denen in der DDR auf allen Ebenen Diskussionen über Frauenbelange begonnen hatten. Auch die ersten Lockerungen im DDR-Abtreibungsrecht, die schon 1965 erfolgten, waren eine Folge wachsenden Drucks seitens weiblicher SED-Funktionäre und gleichzeitig zuneh-

---

[21] Hans Lerchbacher, Selbst viele Katholiken sind für eine Reform. Umfrageergebnisse zum Thema Abtreibung, in: Frankfurter Rundschau vom 22.9.1971.

mender Kritik der Frauenbasis am geltenden Recht. Entscheidend für den Klimawandel im SED-Apparat war, dass Fraueninteressen 1965 – und auch 1972 – von einer jüngeren Ärztegeneration anders definiert wurden als 1950, wofür der angestiegene Frauenanteil an der DDR-Ärzteschaft eine wichtige Voraussetzung war. 1972 antwortete eine hochrangige DDR-Regierungsfunktionärin auf die Frage westdeutscher Journalisten, ob in der DDR „das gesellschaftliche Interesse an der Bevölkerungspolitik dem individuellen Anspruch auf das Recht über den eigenen Körper" weiterhin vorgehe, klipp und klar: „Es ging, denn das war im Jahre 1950. Inzwischen sind wir zu der Überzeugung gekommen, daß wir keine Bevölkerungspolitik machen können zu Lasten der einzelnen."[22] Und tatsächlich war am Ende der Reformphase der frühen 1970er Jahre nicht in der demokratisch verfassten Bundesrepublik, sondern in der SED-Diktatur die Entscheidung über die Austragung einer Schwangerschaft „vollständig individualisiert"[23].

5. Neue Steuerungsstrategien: Pronatalistische Geburtenpolitik

Geburtenfördernde „Bevölkerungspolitik" (DDR) oder „Familienpolitik" (Bundesrepublik) sollten in beiden deutschen Staaten die steigende Frauenerwerbstätigkeit flankieren. Die DDR hatte bereits 1950 ein Kindergeld ab dem 3. Kind eingeführt, das in den 1970er Jahren ausgebaut und auf die ersten beiden Kinder ausgedehnt wurde. 1975 brachte die sozialliberale Bundesregierung erstmals ein einkommensunabhängiges Kindergeld auf den Weg, während die frühere Familienförderung der CDU/CSU strikt über Steuerfreibeträge geregelt worden war.

Diese Politikangebote sollten in den 1970er Jahren den massiven Geburtenrückgang abbremsen – zumal man von den soeben eingeführten Liberalisierungen im Abtreibungsrecht weitere Einbrüche befürchtete. Deshalb leiteten in der DDR die sozialpolitischen Beschlüsse der SED vom Frühjahr 1972 eine umfassende Bevölkerungspolitik ein, die die Frauen- und Familienpolitik bis 1989 prägte und die Zahl der Abtreibungen tatsächlich etwas zurückgehen ließ. So wurde der Bezug von Schwangerschafts- und Wochengeld verlängert, die Freistellung von Erwerbsarbeit nebst Geldleistungen im Falle der Pflege kranker Kinder eingeführt sowie für vollzeitbeschäftigte

---

[22] Abtreibung in der DDR, in: konkret vom 23.11.1972, S. 18–20.
[23] Daphne Hahn, Modernisierung und Biopolitik. Sterilisation und Schwangerschaftsabbruch in Deutschland nach 1945, Frankfurt a.M./New York 2000, S. 311.

Mütter von mindestens drei Kindern die Wochenarbeitszeit verkürzt und der Jahresurlaub erhöht. Besonders wichtig war ein spezieller Ehekredit für junge Ehepaare, der mit der Möglichkeit des „Abkinderns" – der schrittweisen Streichung der Kreditschuld bei Geburt von mehreren Kindern – stark an die „Ehestandsdarlehen" des NS-Regimes erinnerte. Was die DDR-Kreditvariante anging, wurden zwischen 1972 und 1988 insgesamt 1 371 649 „Kredite an junge Eheleute" mit einem Volumen von 9,3 Milliarden Mark gewährt, wobei fast ein Viertel der Kreditsumme aus sozialen Gründen erlassen wurde[24]. Da zunächst keine spürbare Geburtensteigerung einsetzte, verstärkte der IX. SED-Parteitag 1976 die Anreize: Neben der Verlängerung des Schwangerschafts- und Wochenurlaubs wurde nun ab dem zweiten Kind ein vollfinanziertes „Babyjahr" eingeführt und die reduzierte Wochenarbeitszeit auf Mütter von bereits zwei Kindern ausgeweitet. Diese Angebote entsprachen offenbar den Bedürfnissen vieler Frauen, denn 1977 wurde das Babyjahr von vier Fünfteln der Berechtigten genutzt[25]. Die DDR-Geburtenrate zog seit Mitte der 1970er Jahre deutlich an und ermöglichte es den SED-Sozialpolitikexperten, Pluspunkte im Vergleich zur Bundesrepublik zu sammeln.

Vergleichbare Kreditangebote für junge Familien gab es in Westdeutschland auf Bundesebene nie; sie wurden allerdings von mehreren Bundesländern in den 1970er Jahren eingeführt. Zur Entlastung berufstätiger Eltern existierten in der Bundesrepublik lediglich die – meist in kirchlicher Trägerschaft organisierten – Kindergärten für Kinder zwischen drei und sechs Jahren. 1989 konnten 79 Prozent aller westdeutschen Kinder dieses Alters einen Kindergartenplatz erhalten; in der DDR lag die Versorgungsquote bei 95 Prozent, nachdem bereits ab den 1950er Jahren der Ausbau des betriebsgebundenen Kindergartennetzes erfolgt war. Sowohl für Kinder unter drei Jahren als auch für Schüler im Alter zwischen sechs und zehn Jahren, die auf Nachmittagsbetreuung angewiesen waren, fehlten solche Infrastrukturangebote im Westen nahezu völlig, was die Mütter dieser Kinder letztlich zur Aufgabe oder Einschränkung von Erwerbsarbeit zwang. In der DDR hingegen existierte 1989 für vier Fünftel dieser Altersgruppen ein Betreuungsangebot in Kinderkrippen oder Schulhorten[26].

---

[24] Vgl. Statistisches Jahrbuch der DDR 1989, S. 276.
[25] Vgl. Günther Schulz, Soziale Sicherung von Frauen und Familien, in: Hans Günter Hockerts (Hrsg.), Drei Wege deutscher Sozialstaatlichkeit. NS-Diktatur, Bundesrepublik und DDR im Vergleich, München 1998, S. 117–149, hier S. 128.
[26] Vgl. Geißler, Sozialstruktur, S. 254.

Der flächendeckende Aufbau der Kinderkrippen war in der DDR schwerpunktmäßig erst in den 1970er Jahren erfolgt. Der Betreuungsgrad stieg unter Honecker von 29,1 Prozent 1970 auf fast 51 Prozent 1975 und 61 Prozent 1980 rasant an. 1989 boten schließlich 7840 Krippen mit 353203 Plätzen eine Bedarfsdeckung von 80,2 Prozent[27]. Trotz dieser sozialpolitischen Anreize wurde „das von der Partei gepredigte Ideal der Dreikinderfamilie" im SED-Staat „nicht in nennenswertem Maße erreicht"[28].

6. Ergebnisse

Die Frauenerwerbstätigkeit nahm zwischen 1945 und 1989 überall in Europa zu. Die DDR stellt den Extremfall dieser Form der Integration in die Arbeitsgesellschaft dar, die Bundesrepublik Deutschland eher einen Fall gebremster Rückschrittlichkeit. Die Zunahme der Frauenerwerbsarbeit in beiden deutschen Staaten erfolgte zwar mit unterschiedlicher Vehemenz, bewirkte aber hüben wie drüben einen Anstieg der Zahl von Frauen, die über eine Schul-, Berufs- und Hochschulausbildung verfügten. Beide soziostrukturellen Wandlungen führten zu einem Wertewandel, wobei Selbstentfaltungswünsche auf Kosten traditioneller Pflichtwerte die Oberhand gewannen; hinzu trat ein allmählicher Strukturwandel im Bereich Familie – Fortpflanzung – Kindererziehung. All diesen längerfristig angelegten Umbrüchen, die sich insbesondere um 1970 stark bemerkbar machten, trug die Politik auf doppelte Weise Rechnung. Einerseits ersetzte man die bisherigen restriktiven Steuerungsmodelle durch stärker die Selbstverantwortung betonende Konzepte – wie dies bei den unterschiedlich weit gehenden Reformen des Abtreibungsrechts zwischen 1972 und 1976 beobachtet werden kann. Andererseits generierte staatliche Politik neue, wenngleich weichere Steuerungskonzepte durch eine geburtenfördernde Bevölkerungspolitik. Diese sowohl frauen- wie familienfördernde und dadurch zugleich verhaltenssteuernde Politik wurde um 1975 in der DDR sehr viel umfassender ausgebaut als in Westdeutschland. Das entsprach politisch-ideologischen Differenzen der beiden konkurrierenden politischen Systeme, sehr viel mehr noch aber dem unterschiedlichen Grad des zuvor erfolgten gesellschaftlichen Struktur- und Wertewandels.

---

[27] Vgl. Frerich/Frey, Handbuch, Bd. 2, S. 413; Schulz, Sicherung, S. 140.
[28] Gabriele Metzler, Der deutsche Sozialstaat. Vom bismarckschen Erfolgsmodell zum Pflegefall, Stuttgart/München 2003, S. 161; Schulz, Sicherung, S. 129.

Christiane Streubel
Antidemokratische Konzepte politischer Teilhabe
Journalistinnen in der radikalnationalistischen Öffentlichkeit der Weimarer Republik

1. Einführung

Über siebzehneinhalb Millionen Frauen wurden bei den Wahlen zur Nationalversammlung im Januar 1919 erstmals an Deutschlands Wahlurnen gerufen[1]. Der einschneidende verfassungsrechtliche Wandel von 1918/19, in dem die Einführung des Frauenwahlrechts einen zentralen Baustein bildete, löste in den folgenden Jahren einen kommunikativen Umbruch aus. Ein zentrales Denkmodell der politischen Rechten wurde offen in Frage gestellt: die Vorstellung von der genuin „unpolitischen Frau", die von politischen Entscheidungsprozessen grundsätzlich ausgeschlossen werden sollte.

Die Frage nach der veränderten politischen Teilhabe von Frauen als Folge des Frauenwahlrechts soll in diesem Beitrag aus einer handlungstheoretischen und historisch-semantischen Perspektive behandelt werden. Dabei wird das Politische als ein gesellschaftlicher Kommunikationsraum verstanden, dessen Grenzen und Strukturmerkmale diskursiv ausgehandelt werden. Der Schwerpunkt des Interesses liegt in dieser Perspektive auf den Kommunikationsstrategien sozialer Akteure, auf den von ihnen verwendeten Semantiken und der Neustrukturierung des politischen Raums durch kommunikative Praxis[2]. Dieser Ansatz will den Politikbegriff in seiner jeweiligen Abhängigkeit von zeitgenössischen Debatten im ersten Drittel des 20. Jahrhunderts erklären. Mit Dietrich Busses Konzept der historischen Semantik werden Begriffe wie „politische

---

[1] Vgl. Die Wahlen zur verfassunggebenden Deutschen Nationalversammlung am 19. Januar 1919, bearb. im Statistischen Reichsamt, Berlin 1919, S. 24f.
[2] Vgl. Heinz-Gerhard Haupt, Vorwort. Inklusion und Partizipation, in: Christoph Gusy/Heinz-Gerhard Haupt (Hrsg.), Inklusion und Partizipation. Politische Kommunikation im historischen Wandel, Frankfurt a.M./New York 2005, S. 9–13, hier S. 9f.

Mitarbeit" im Hinblick auf ihre sprachliche Verwendung in konkreten Erfahrungskontexten untersucht[3]. Ausgangspunkt meiner Analyse ist die im Kaiserreich noch dominante Anschauung von dem notwendigen und gerechtfertigten Ausschluss der Frauen aus der politischen Sphäre.

2. Das Ideal der „unpolitischen Frau" vor 1918

In Paragraf 8 des preußischen Vereinsgesetzes von 1850 war „Frauenpersonen, Geisteskranken, Schülern und Lehrlingen" der Besuch politischer Versammlungen und die Zugehörigkeit zu politischen Vereinen verboten worden[4]. Diese Regelung wurde erst 1908 aufgehoben, als Frauen im neuen Reichsvereinsgesetz gestattet wurde, am öffentlich-politischen Leben teilzunehmen und Mitglieder von Parteien zu werden. Motiviert war diese Reform durch das weit verbreitete Interesse an der Mobilisierung neuer Gruppen für Parteizwecke[5]. Das Wahlrecht erhielten Frauen im deutschen Kaiserreich aber nicht.

Ihre Vertretung auf staatlicher Ebene war aus Sicht der wilhelminischen Rechten durch ihre männlichen Verwandten und Ehemänner sichergestellt, die im Sinne der gesamten Familie die angemessenen politischen Entscheidungen treffen würden. Ein Wahlrecht für Frauen hätte den Parteienstreit nur in die Familien getragen, so das Credo unter konservativen und völkischen Publizisten. Im bürgerlich-konservativen Denken war nach wie vor eine klare Aufgabentrennung vorgesehen, die dem Mann die Sphäre von Politik und Gesellschaft zuwies, den Frauen die Bewahrung von Familie und Heim. Dies schloss die Überzeugung ein, dass Frauen aufgrund ihrer Emotionalität und mangelnden Entschlossenheit grundsätzlich nicht für die politische Arena geeignet seien. Zugleich drohte den Männern bei einer Feminisierung der Politik der Verlust ihres „kriegerischen Geistes". Für die große Mehrheit der Rechten galt weiterhin Treitschkes Diktum von 1899 als Ideal:

---

[3] Vgl. Dietrich Busse, Historische Semantik. Analyse eines Programms, Stuttgart 1987, S. 74.
[4] Verordnung über die Verhütung eines die gesetzliche Freiheit und Ordnung gefährdenden Missbrauchs des Versammlungs- und Vereinigungsrechts, Berlin 1850.
[5] Vgl. Kirsten Heinsohn, Im Dienste der deutschen Volksgemeinschaft. Die „Frauenfrage" und konservative Parteien vor und nach dem Ersten Weltkrieg, in: Ute Planert (Hrsg.), Nation, Politik und Geschlecht. Frauenbewegungen und Nationalismus in der Moderne, Frankfurt a.M./New York 2000, S. 215–233, hier S. 216.

„Obrigkeit ist männlich; das ist ein Satz, der sich eigentlich von selbst versteht."[6] Viel Druckerschwärze wurde vor 1918 in rechtsgerichteten Zeitungen und Zeitschriften darauf verwendet, um eine Ausweitung politischer Rechte auf Staatsbürgerinnen zurückzuweisen, die vor und im Ersten Weltkrieg immer häufiger öffentlich diskutiert wurde[7].

Mit der Einführung des Frauenwahlrechts wurde für die politische Rechte die erfolgreiche Popularisierung ihrer Politik unter den neuen Wählerinnen zu einer Frage von Sein oder Nichtsein. Im Zeitalter des Frauenwahlrechts drohte Parteien das Ende, die Frauen auf den häuslichen Bereich beschränken und von jedweder politischen Handlung oder Meinungsäußerung fernhalten wollten. In dieser Umbruchsituation entstanden auf rechter Seite neue Semantiken, die jetzt die politische Inklusion von Frauen legitimierten und auf die Mobilisierung von Wählerinnen gerichtet waren.

3. Frauen als Wählerinnen seit 1918/19

Nach der Einführung des Frauenwahlrechts am 12. November 1918 durch den Rat der Volksbeauftragten wurde die Mobilisierung von Frauen für die Wahlen zur verfassunggebenden Nationalversammlung im Januar 1919 zunehmend hektisch betrieben. Die Frauenabteilungen der neu gegründeten Sammlungspartei auf der Rechten, der Deutschnationalen Volkspartei (DNVP), befanden sich in dieser Phase noch im Aufbau. Deshalb hing der Wahlerfolg wesentlich vom Engagement konservativ-protestantischer Frauenvereine ab, die es schon im Kaiserreich gegeben hatte. Angehörige rechts orientierter Frauenorganisationen, die vor 1918 gegen das Frauenwahlrecht gewesen waren, gingen nun von Haus zu Haus und warben um die Stimmen der Frauen. Die deutschnationalen Parteistellen druckten Broschüren und Handzettel, die speziell an Frauen gerichtet waren, und sorgten für ihre tausendfache Verbreitung. Zusätzlich wurden Wahlberatungsstellen und Rednerinnenkurse für Frauen eingerichtet[8]. Männliche Vereinsführer halfen bei der Auswahl und Umwerbung neuer Vereinsfunktionärinnen,

---

[6] Heinrich von Treitschke, Politik. Vorlesungen, gehalten an der Universität zu Berlin, hrsg. von Max Cornicelius, Bd. 1, Leipzig ²1899, S. 252.
[7] Vgl. Ute Planert, Antifeminismus im Kaiserreich. Diskurs, soziale Formation und politische Mentalität, Göttingen 1998, S. 104–110.
[8] Vgl. Raffael Scheck, Mothers of the Nation. Right-Wing Women in Weimar Germany, Oxford/New York 2004, S. 23–47.

die als Organisatorinnen und Meinungsmacherinnen besonders geeignet erschienen[9].

Die früher gepriesene unpolitische Haltung galt auf rechter Seite nun als „Sünde", denn das Deutsche Reich dürfe nicht den Linken und Demokraten überlassen werden[10]. In Fortsetzung der auf die „Heimatfront" ausgeweiteten Kampfrhetorik des Ersten Weltkriegs forderte der Zeitungsredakteur Felix Neumann kurz vor den Reichstagswahlen von 1920 stellvertretend für viele andere:

„Da muss die deutsche Frau des breiten Mittelstandes in vorderster Linie stehen und zeigen, daß sie mündig wurde und sich der schweren Verantwortung, die auf ihre Schultern gelegt ward, auch bewußt ist. ‚Sturmzeit', ‚Wolfszeit', deutsche Frau, [...] greife – hineingewachsen in die Anforderungen dieser Epoche – zur geistigen Waffe und hilf mit, den Legionenansturm zu bestehen, den Bolschewismus, Fremdtümelei, Feindeshaß, Parteihader gegen das Fortbestehen Deutschlands entfesselten!"[11]

Dieser dramatische Appell erschien in der alldeutschen, radikalnationalistischen „Deutschen Zeitung", die vor 1918 ein bedeutsames Sprachrohr des organisierten Antifeminismus gewesen war[12]. Ein Element der politischen Kultur der Weimarer Republik war aber der parteienübergreifende Glaube, dass wegen vermeintlicher enormer Unterschiede zwischen den Geschlechtern nur Frauen selbst dazu in der Lage seien, die Wünsche von Wählerinnen zu erkennen und diese für Wahlen zu mobilisieren[13]. Aus diesem Grund setzten auch Tageszeitungen des rechten Spektrums nach 1918 auf Redakteurinnen, die die politische Meinungsbildung unter potenziellen Wählerinnen in eigenen Frauenbeilagen, aber auch im allgemeinen Teil der Zeitungen übernehmen sollten. Dabei fand ein bemerkenswerter Personalaustausch statt. Während bis 1918 in den Tageszeitungen Autorinnen dominierten, die politisches Engagement von Frauen scharf ablehnten, traten seit 1919

---

[9] Vgl. Eva Schöck-Quinteros, Der Bund Königin Luise. „Unser Kampfplatz ist die Familie...", in: dies./Christiane Streubel (Hrsg.), Ihrem Volk verantwortlich. Frauen der politischen Rechten (1890–1933), Berlin 2007, S. 231–268.

[10] Vgl. Carol Woodfin, Reluctant Democrats. The Protestant Women's Auxiliary and the German National Assembly Elections of 1919, in: Journal of the Historical Society 4 (2004), S. 71–112, hier S. 82 und S. 92f.

[11] Felix Neumann, Die Deutsche Frau und die Wahlen, in: Deutsche Zeitung vom 10.5.1920.

[12] Vgl. Planert, Antifeminismus, S. 123.

[13] Vgl. Julia Sneeringer, Winning Women's Votes. Propaganda and Politics in Weimar Germany, Chapel Hill/London 2002.

nach und nach Journalistinnen an ihre Stelle, die für eine intensive politische Mitarbeit von Frauen warben[14].

In diesem Prozess nahmen führende Funktionärinnen des Rings Nationaler Frauen (RNF) eine Schlüsselposition ein. Der RNF war die Dachorganisation für nationalistische Frauenvereine wie den Flottenbund Deutscher Frauen und den Deutschen Frauenbund, die 1920 von Ilse Hamel und Beda Prilipp gegründet worden war. Der RNF orientierte sich politisch am Alldeutschen Verband und am Juni-Klub, die beide für eine Radikalisierung des Konservatismus verantwortlich zeichneten. Ilse Hamel wurde Redakteurin bei der „Deutschen Zeitung", die 1917 vom Alldeutschen Verband übernommen worden war. Beda Prilipp trat eine Redakteursstelle beim „Tag" an, eine rechte Tageszeitung der Scherl-Presse, die zunehmend unter den Einfluss von Alfred Hugenberg geriet. Hamel und Prilipp waren zudem die Herausgeberinnen einer aufwändig gestalteten, illustrierten Zeitschrift mit dem Titel „Die Deutsche Frau", die im gleichen Verlag wie die „Deutsche Zeitung" erschien. Diese enthielt neben unterhaltenden und kulturellen Artikeln für Frauen des gebildeten Mittelstands auch zahlreiche politische Berichte und Kommentare. Der Ring Nationaler Frauen gab den Redakteurinnen einen Massenrückhalt. Schätzungen zufolge zählte er bei seiner Gründung 200 000 Mitglieder. Ilse Hamel, Beda Prilipp und andere Journalistinnen entwickelten in ihren Medien neue semantische Angebote für die politische Beteiligung von Frauen.

4. Semantiken politischer Teilhabe

Die Repräsentanten rechter Parteien versuchten in der Weimarer Republik die Quadratur des Kreises: Sie verteidigten die Maxime, dass nur eine kleine Führungsschicht mit autoritären Vollmachten ausgestattet werden sollte, sahen es aber zugleich als notwendig an, Massen zu mobilisieren, um politisch zu überleben. Die Überwindung des demokratischen Systems rangierte unter den Zielen der Rechten ganz oben[15]. Die Frauen unter den radikalen Nationalisten, die sich als Mitarbeiterinnen von Tageszeitungen und als

---

[14] Vgl. dazu und im Folgenden ausführlich: Christiane Streubel, Radikale Nationalistinnen. Agitation und Programmatik rechter Frauen in der Weimarer Republik, Frankfurt a.M./New York 2006, S. 199–244, S. 373–392, S. 68–72 und S. 121.
[15] Vgl. Larry Eugene Jones/Wolfram Pyta (Hrsg.), „Ich bin der letzte Preuße". Der politische Lebensweg des konservativen Politikers Kuno Graf von Westarp (1864–1945), Köln/Weimar/Wien 2006.

Herausgeberinnen spezieller Frauenzeitschriften an die Öffentlichkeit wandten, dachten ebenso. Antidemokratische Publizistinnen entwickelten ein eigenes Arsenal an Argumenten, um die politische Teilhabe von Frauen zu rechtfertigen und gleichzeitig die demokratische Idee zu attackieren. Drei grundlegende Stränge der Argumentation lassen sich identifizieren:

1. Die politische Mitarbeit von Frauen wurde in erster Linie nicht als etwas von Menschen Gewolltes und Hervorgebrachtes empfunden. Stattdessen sei ihre Beteiligung gleichsam schicksalhaft aus dem Verlauf der Weltgeschichte heraus entstanden. Die Notzeiten von Krieg, Revolution, Niederlage und die daraus folgende politische Ohnmacht des Deutschen Reichs hätten die Frauen in die Politik hineingezogen. Ihre Mitarbeit sei eine „natürliche Entwicklung" und „gottgewollte Ergänzung", die als unumkehrbar angesehen wurde[16].

2. Die politische Teilhabe von Frauen wurde irrational legitimiert. Ihr politisches Engagement gründete nicht auf der vernunftgemäßen Einsicht in unveräußerliche Menschenrechte, sondern resultierte aus der genuin weiblichen, quasi körperlich-biologischen Bindung an das eigene Volk. Da sie Mütter seien, laufe die „Kette der Geschlechter" unmittelbar durch den Körper von Frauen hindurch. Sie seien deshalb beherrscht von dem Wunsch, dass sich das gesamte Volk genauso wie ein leibliches Kind immer höher entwickele. Wegen dieses biologisch evozierten, organisch hervorgebrachten intensiven Verantwortungsgefühls gegenüber Vorfahren und Nachkommen würden Frauen für „nationale Selbstbehauptung" und „Wehrgeist" eintreten. Sie hätten folglich eine „biologisch bestimmte" positive Haltung zu einem machtpolitisch orientierten Staat, der Deutschland zu alter Größe zurückführen würde[17].

3. Die Argumentation für eine politische Teilhabe von Frauen gründete auf der Differenz der Geschlechter. Gerade weil Frauen ganz anders als Männer seien, könnten sie unverzichtbare Leistungen in der Politik erbringen. Ihre Hauptaufgabe war es nach Ansicht der radikalnationalistischen Aktivistinnen, das als unmündiges Kind imaginierte deutsche Volk zu erziehen und zu führen. Die natürliche Fähigkeit zur Mutterschaft wurde somit aus der Sphäre der Familie hinaus in die Gesellschaft übertragen. Die „tiefen Wunden" des Landes benötigten „heilende Frauenhände". Mit

---

[16] Ilse Hamel, Kulturverjüngung und junges Frauentum, in: Die Deutsche Frau vom 1.8.1923, S. 81f.
[17] Hannah Brandt, Vom Staatserlebnis der deutschen Frau, in: Die Deutsche Frau vom 1.7.1928, S. 296f.

ihrer mütterlichen Liebe und Zuversicht würden sie das Volk freimachen vom „Wahngebilde" des Klassenkampfs[18]. Wegen ihres natürlichen Sinns für Tradition, Bewahrung und Pflege würden sie dem Volk dessen große Geschichte in Erinnerung rufen und für den Erhalt der geistigen Kulturgüter sorgen[19].

In allen drei Argumentationssträngen spiegelten sich Grundannahmen rechter Politik der Zwischenkriegszeit wider: die Berufung auf die historische Gewachsenheit politischer Ordnungen (anstelle revolutionärer Umgestaltung), die irrationale, transzendentale Legitimation politischer Herrschaft und die Überzeugung von der ewigen Ungleichheit der Menschen, die im politischen System eines Volks berücksichtigt werden müsse. Die radikalnationalistischen Publizistinnen knüpften an zeitgenössische Konzepte von den permanent gültigen Eigenschaften der Frauen an, ihre Emotionalität und enge Bindung an ihre biologische Bestimmung, um zu erklären, warum gerade sie den politischen Zielen der Rechten zum Erfolg verhelfen würden: Die „Unwahrheit des Parteiwesens" werde von der Frau nicht in erster Linie aus rationalen Erwägungen abgelehnt, sondern tief empfunden[20]. Dies bedeute eine unmittelbare und gewissermaßen naturgegebene Gegnerschaft zum Parlamentarismus. Grundformen des parlamentarischen Systems wie die Auseinandersetzungen zwischen Parteien, ihre Koalitionen und Kompromisse, erschienen in den Texten der radikalen Nationalistinnen als genuin „unweiblich". Die „kleinliche Kampfesart" der Parteien liege nicht im Wesen der Frauen, die für unverrückbare Grundsätze und heilige Überzeugungen eintreten wollten[21]. Mit dieser Argumentation wurde ein Bild gezeichnet, das Frauen als unverzichtbare und den Männern überlegene Mitarbeiterinnen im Kampf gegen das parlamentarische „System" darstellte.

Ausdrücklich hieß es in den Texten radikaler Journalistinnen, dass diese Aufgaben nicht nur im eigenen „engen Umkreis" erfüllt werden könnten. Frauen müssten dem Volk die großen Linien der Entwicklung aufzeigen, es durch Meinungsbildung in Zeitungen erziehen und sich am Neuaufbau gerade auch des Staats beteili-

---

[18] Beda Prilipp, Politik vom Frauenstandpunkt, in: Deutsche Frauenwarte 1 (1920) Nr. 3.
[19] Vgl. Annagrete Lehmann, Deutschtum bekennen und deutsch handeln!, in: Die Deutsche Frau vom 15.1.1924, S. 1f.
[20] Ilse Hamel, Kräfte und Hemmungen, in: Die Deutsche Frau vom 1.8.1922, S. 193f.
[21] Ilse Hamel, Bünde, Parteien und wir Frauen, in: Die Deutsche Frau vom 15.3.1928, S. 131f.

gen²². Es sei unabdingbar notwendig, dass Frauen gemeinsam mit den Männern und ihnen ebenbürtig an der „Form der künftigen Welt" mitbauten²³.

Zugleich sollte die politische Führung an die „Besten" des Volks abgetreten werden. Wahre politische Führer seien hoch gebildet, inneren nationalen und sittlichen Bindungen verpflichtet und dienten „höchsten Schöpfungszielen" wie dem natürlichen Willen eines Volks zur Macht²⁴. Da die Führenden stets von sich aus „das Ganze" im Blick hätten, dürften sie sich keinesfalls von tausend verschiedenen Willen „treiben" lassen. Diese Tausende hätten lediglich die Aufgabe, die Führenden aus ihrer Mitte herauszuheben und ihnen die Gewalt in die Hände zu geben²⁵. Zu diesen führenden Persönlichkeiten konnten aus Sicht der rechten Journalistinnen auch Frauen gehören²⁶. Gegenstand und Ziel der Politik war bei diesen Antidemokratinnen demnach nicht die pluralistische Aushandlung verschiedener Interessen und Meinungen auf der Grundlage der Volkssouveränität. Stattdessen forderten sie die Einschmelzung politischer Gegensätze zu einem vorgeblichen allgemeinen Volksinteresse. „Gute Politik braucht Gemeinschaft", hieß die Maxime, eine „gleiche gefühlsmäßige oder willensmäßige Gesamteinstellung"²⁷. Es handelte sich bei dieser Idee der „Volksgemeinschaft" um ein Ordnungskonzept, das die allgemeine Anerkennung von Autoritäten und sozialen Hierarchien durchsetzen wollte.

Diese autoritären Vorstellungen wurden von Angeboten zur politischen Mitarbeit und Integration begleitet. Angesichts der schrecklichen Gegenwart der Demokratie sei die Mobilisierung und Politisierung des gesamten Volks zwingend erforderlich. Kein Teil des Volks dürfe sich in „unlebendiger Dumpfheit" treiben lassen²⁸. „Niemand darf Privatmensch sein"²⁹, erklärte Ilse Hamel. Vorgänge

---

²² Käthe Schirmacher, Die nationalpolitische Aufgabe der Frau, in: Deutsche Zeitung vom 9.9.1926.
²³ Elli Hense [richtig: Heese], Frauenpflichten und Frauenhoffnungen, in: Deutsche Zeitung vom 9.11.1929.
²⁴ Ilse Hamel, Frauenwille und Mannestradition, in: Die Deutsche Frau vom 5.10.1922, S. 261f.
²⁵ Beda Prilipp, Dunkle Weihnacht – und doch Advent!, in: Die Deutsche Frau vom 15.12.1923, S. 129f.
²⁶ Vgl. Streubel, Radikale Nationalistinnen, S. 295–302.
²⁷ Else Vorwerk, Frau und Volksgemeinschaft, in: Die Deutsche Frau vom 1.8.1928, S. 343f.
²⁸ Hannah Brandt, Errungenschaften oder Ziele?, in: Die Deutsche Frau vom 1.9.1923, S. 93f.
²⁹ Ilse Hamel, Auf dem Wege zur Volksgemeinschaft, in: Deutsche Frauenwarte 1 (1920) Nr. 7, S. 1.

und Inhalte, die zuvor vielfach als unpolitisch galten, wurden kommunikativ umgedeutet und erhielten politische Relevanz. Dazu zählten die Wahl des richtigen Ehepartners nach „rassischen" Maßstäben, die Erzählung altdeutscher Sagen im Familienkreis und die Sorge um Not leidende „Volksgenossen" in der Nachbarschaft. Die Außengrenzen des Politischen wurden durchlässig und die Möglichkeiten politischer Teilhabe semantisch erweitert, um auch Frauen, die keine Gelegenheit zu Partei- oder Parlamentsarbeit hatten, in den politischen Kampf zu integrieren. Radikalnationalistische Publizistinnen leisteten in der Weimarer Republik auf diese Weise einen Beitrag dazu, die Semantiken des Politischen auf vormals als unpolitisch und privat vorgestellte Räume auszudehnen und diese dem totalen Anspruch des Staates auszusetzen.

Besonders seit den frühen 1930er Jahren standen nicht mehr Parlament und Wahlrecht im Fokus des politischen Interesses dieser Autorinnen, sondern der Zusammenschluss von Frauen und Männern in strengen Gesinnungsbünden, deren Mitglieder überall und zu jeder Zeit für ihre Weltanschauung eintraten und gegen die Demokratie kämpften[30]. Gegen Ende der Republik liefen die Vorstellungen radikaler Nationalistinnen auf eine strikte Scheidung in rechte und linke Politik hinaus. Hierbei müssten die rechten, „nationalen" Kräfte den Sieg über die Demokraten und Linken davontragen, da sonst nichts weniger als der Untergang des Deutschen Reichs drohe. Der Ausschluss der Linken aus dem „Volkskörper" galt den Vertreterinnen des Rings Nationaler Frauen nun als erklärtes Ziel ihrer Politik. Nur auf diese Weise sei die Rückkehr zu einer das ganze Volk umfassenden Gemeinschaft möglich[31]. Die brutale Verfolgung von Sozialdemokraten und Kommunisten nach 1933 war aus Sicht dieser politischen Ideologinnen deshalb folgerichtig und gerechtfertigt. Grundsätzlich überwogen in den Artikeln der Publizistinnen aber abstrakte Postulate und ideologische Glaubensbekenntnisse. In ihren Texten stellten sie weder konkrete Forderungen auf, wie die von ihnen gewünschte politische Struktur aussehen sollte, noch äußerten sie Pläne für eine Verfassungsreform. Sie begnügten sich vielmehr damit, Demokratie und Parteienstaat herabzusetzen.

---

[30] Vgl. Margarete Adam, Die Frau und die nationale Bewegung, in: Die Deutsche Frau vom 1.9.1931, S. 397f.
[31] Beda Prilipp, Zehn Jahre politische Arbeit der nationalen Frau, in: Die Deutsche Frau vom 15.1.1929, S. 35f.

5. Fazit: Die neue Teilöffentlichkeit radikaler Nationalistinnen

Die radikalen Nationalistinnen des Rings Nationaler Frauen schufen mit eigenen Medien und in Frauenbeilagen, die in den Zeitungen der politischen Rechten erschienen, eine neue politische Teilöffentlichkeit. Diese war jedoch weniger eine Gegen- als eine ergänzende Öffentlichkeit in reformerischer Absicht. Die Journalistinnen bemühten sich um Einflussnahme auf die öffentliche Meinung im eigenen politischen Lager, versuchten, ihre Themen zu etablieren und überkommene Ansichten über die Position von Frauen in der Politik umzuformen; ihre Leistungen sollten nun sichtbar werden. Eines der wichtigsten Ziele war die Integration in die männlich dominierte nationalistische Öffentlichkeit. Zugleich waren sie mit ihrer radikalen Agitation gegen den demokratischen Staat aber auch Hilfskräfte der revolutionären Rechten. Die radikalen Nationalistinnen wollten den demokratischen Staat nicht verändern, sondern abschaffen. Damit verweigerten sie sich der Ausbildung einer allgemeinen Öffentlichkeit, die allen gesellschaftlichen Gruppen die Beteiligung an der Meinungsbildung zuerkannt hätte[32].

In der von Männern dominierten Pressewelt des radikalnationalistischen Lagers wurden die Einflussversuche der Publizistinnen wie durch einen Filter wahrgenommen. Als relevant erschien das Engagement vor allem der Frauen, die Erfolge rechter Parteien bei den Wahlen befördern konnten. Gern gesehen war außerdem die Entwicklung neuer antidemokratischer Argumente, die speziell auf die Lebenswelten und Erfahrungen von Frauen zugeschnitten waren. Einige männliche Führungspersonen der Rechten erkannten in den Debatten um die Politisierung der angeblich unpolitischen Frauen, dass in diesem Kontext Frauenorganisationen und -medien entstanden, die in politischen Fragen adressierbar waren und für politische Ziele eingesetzt werden konnten. Forderungen nach gleichberechtigter Beteiligung von weiblichen „Persönlichkeiten" an allen politischen Entscheidungsprozessen wurden hingegen von der Mehrheit überhört. Die Chancen von Frauen auf politische Teilhabe blieben nach 1918 im rechten Lager deutlich schlechter als die der Männer. Von vielen Partizipationsformen und -kanälen waren sie weiterhin ausgeschlossen. Ihre Aktivitäten erhielten weitaus weniger Aufmerksamkeit als die männlicher Organisationen

---

[32] Vgl. z.B. Beda Prilipp: Die Einheitsfront und ihre Störer, in: Deutsche Zeitung vom 12.6.1921; Ilse Hamel: Deutscher gegen jüdischen Geist. Aufgaben der Presse, in: Deutsche Zeitung vom 24.6.1925.

und Bünde[33]. Die Publizistinnen waren politische Neulinge, die um wirksame Netzwerke, Einfluss auf die politische Semantik und ihren Platz in den öffentlichen Sprechräumen kämpfen mussten. Zur Unterstützung ihrer Forderungen führten sie die Wahlergebnisse in einigen Regionen an: Analysen hatten nämlich ergeben, dass die DNVP häufiger von Frauen als von Männern gewählt wurde[34]. Ähnlich wie im Verhalten gegenüber der Arbeiterschaft waren Parteiführer der Rechten deshalb zu symbolischer Aufwertung und subalternem Einschluss bereit. Sie akzeptierten auch manche Neuerungen: politische Kundgebungen von Frauenvereinen, ihre Publikationstätigkeit sogar in allgemeinen Tageszeitungen und die Übernahme von politischen Aufgaben auf eng abgezirkelten Gebieten. Die radikalen Antifeministinnen und Antifeministen, die dieses Segment der politischen Öffentlichkeit noch im Kaiserreich dominiert hatten, wurden dagegen mit ihrem Ideal der „unpolitischen Frau" infolge der neuen Realität des Frauenwahlrechts und der unermüdlichen antidemokratischen Agitation politischer Journalistinnen in den deutschnational-alldeutschen Medien für viele Jahre an den Rand gedrängt. Erst die Demokratie eröffnete ihren radikalsten *Gegnerinnen* die Möglichkeit zu intensiver politischer Mitsprache.

---

[33] Vgl. Christiane Streubel, „Meine Herren und Damen!" Rednerinnen der deutschnationalen Fraktion im Parlament der Weimarer Republik, in: Doerte Bischoff/Martina Wagner-Egelhaaf (Hrsg.), Mitsprache, Rederecht, Stimmgewalt. Genderkritische Strategien und Transformationen der Rhetorik, Heidelberg 2006, S. 113–142.
[34] Vgl. den Artikel: Wie wählt die Frau? Garnicht – oder besser als der Mann, in: Deutsche Zeitung vom 19.5.1928, S. 1.

Sylvia Rogge-Gau
„Was aus diesen Menschen wird, von *uns* hängt es ab."
Jüdische Frauen in Selbsthilfeorganisationen 1933 bis 1939

1. Einführung

Als Reaktion auf die antijüdische Politik des NS-Staats solidarisierten sich die jüdischen Frauenverbände in den 1930er Jahren über alle ideologischen Schranken hinweg zu einer „Einheitsfront der jüdischen Frauen"[1], der orthodoxe genauso wie liberale, zionistische oder freie Frauengruppen angehörten. Eine dominierende Rolle spielte dabei der 1904 gegründete Jüdische Frauenbund, dem 430 Vereine mit 50 000 Mitgliedern angehörten. Dieser bot den heterogenen Frauengruppen ein gemeinsames Fundament, von dem aus in den Jahren 1933 bis 1938 wesentliche Bereiche der jüdischen Selbsthilfe organisiert wurden. Mit der zunehmenden Entrechtung und Ausgrenzung der Juden erweiterten sich die Aufgaben der Selbsthilfe im Jüdischen Frauenbund ständig. Bis 1938 gehörten dazu beispielsweise die Umschulung beziehungsweise die berufliche Aus- und Fortbildung von Mädchen und Frauen, die an Emigration dachten, die Beratung und Unterstützung in anderen Auswanderungsfragen und die Mitarbeit bei der jüdischen Winterhilfe.

2. Ausbau der Vereinsarbeit seit 1933

Im Vordergrund dieser Neuausrichtung stand für den Jüdischen Frauenbund die verstärkte Wahrnehmung sozialer Aufgaben, wobei er auf langjährige Erfahrungen der ihn tragenden Frauen zum Beispiel in der Jugendarbeit, Gefährdetenfürsorge, Frauenberatung und Mädchenausbildung zurückgreifen konnte. Demgegenüber musste der Frauenbund sein *frauenpolitisches* Engagement und sein Interesse an der internationalen Friedensbewegung unter dem Diktat Hitlers notgedrungen aufgeben. Ein Schwerpunkt seiner

---

[1] BLJFB 1933, Nr. 10, S. 9.

Arbeit wurde stattdessen die Stärkung der jüdischen Identität und der Ausbau des jüdischen Gemeindelebens[2]. So appellierte die Geschäftsführerin Hannah Karminski in einem Leitartikel unter der Überschrift „Helfen!" an die Mitglieder, sich solidarisch zu zeigen und sich an den Selbsthilfemaßnahmen zu beteiligen: „Voraussetzung für alle Selbsthilfe ist das Bewusstsein der Verbundenheit, ist eine anständige Solidarität"[3]. Der Frauenbund bot dabei den institutionellen Rahmen für ein umfassendes Selbsthilfewerk[4], das vom Engagement der meist ehrenamtlich arbeitenden Mitglieder gestützt wurde. Weil diese Selbsthilfeaktivitäten gegen die Intentionen des NS-Staats gerichtet waren, die jüdische Bevölkerung auszugrenzen, herabzuwürdigen und auszubeuten, kam ihnen auch politische Bedeutung zu.

Viele der sich im Jüdischen Frauenbund ehrenamtlich engagierenden Frauen hatten bis zum Frühjahr 1933 feste Arbeitsverhältnisse innegehabt, die ihnen nun aufgrund der judenfeindlichen Politik gekündigt wurden. Denn das „Gesetz zur Wiederherstellung des Berufsbeamtentums" vom 7. April 1933 bot die Grundlage zur Entfernung von politisch missliebigen Beamten und jüdischen Beamten und Beamtinnen aus dem Staatsdienst. Nach Paragraf 3 des Gesetzes, dem „Arierparagrafen", konnten Beamte „nichtarischer" Herkunft entlassen werden, sofern sie nicht vor dem 1. August 1914 ernannte Beamte, ehemalige Frontkämpfer oder Väter beziehungsweise Söhne ehemaliger Frontkämpfer waren. Diese Voraussetzungen konnten beispielsweise Juristinnen schon deswegen nicht erfüllen, da sie erst seit 1922 zur Abschlussprüfung zugelassen waren. Das Gesetz wurde auch auf andere Berufsgruppen wie Ärzte, Rechtsanwälte, Angestellte und Arbeiter angewendet. Für viele Frauen bedeutete dieses Gesetz das erzwungene Ende ihrer Berufstätigkeit. Die „Gleichschaltung" aller Vereine und Organisationen als weiterer Schritt zur Konsolidierung der Macht und zur Durchsetzung des nationalsozialistischen Totalitätsanspruchs hatte für die deutschen Juden die verstärkte Ausgrenzung aus allen Bereichen des öffentlichen Lebens zur Folge. In dieser Situation kam der Jüdische Frauenbund dem Ausschluss aus dem Bund Deutscher Frauenvereine

---

[2] Vgl. Marion Kaplan, Die jüdische Frauenbewegung in Deutschland. Organisation und Ziele des Jüdischen Frauenbundes 1904–1938, Hamburg 1981, S. 126.

[3] Hannah Karminski, Helfen!, in: BLJFB 1933, Nr. 5, S. 2.

[4] Vgl. Sylvia Rogge-Gau, Institutionelle Selbstbehauptung von jüdischen Frauen am Beispiel des Jüdischen Frauenbundes 1933–1938, in: Christel Wickert (Hrsg.), Frauen gegen die Diktatur – Widerstand und Verfolgung im nationalsozialistischen Deutschland, Berlin 1995, S. 74–79.

(BDF) zuvor, als er am 10. Mai 1933 seinen Austritt erklärte – wenige Tage bevor sich der BDF angesichts der drohenden Gleichschaltung selbst auflöste. Diese erzwungene Loslösung von der deutschen Frauenbewegung und deren Zerschlagung empfand man im Jüdischen Frauenbund als außerordentlich bitter. Unangetastet blieb jedoch das Bekenntnis zur Frauenbewegung: „Heute haben wir als bekennende Jüdinnen die gewaltige Aufgabe, innerhalb des Jüdischen Frauenbundes der Frauenbewegung eine Stätte zu bereiten."[5]

Zu den Frauen, die erst durch den Verlust ihrer beruflichen Stellung zum Jüdischen Frauenbund stießen, gehörte die 1890 in Hannover geborene Cora Berliner, die 1919 als Beamtin des Reichswirtschaftsministeriums in den Staatsdienst eingetreten war. Bereits 1923 avancierte die begabte Soziologin zur Regierungsrätin und erhielt eine leitende Position im Reichswirtschaftsrat. Ihre Professur für Wirtschaftswissenschaften, die sie seit 1930 am Berufspädagogischen Institut in Berlin innehatte, wurde ihr durch das „Gesetz zur Wiederherstellung des Berufsbeamtentums" 1933 entzogen. Cora Berliner fand danach eine leitende Anstellung in der Reichsvertretung der deutschen Juden und wurde zur zweiten Vorsitzenden des Jüdischen Frauenbunds gewählt.

Damit verfügte der Frauenbund über eine Führungspersönlichkeit, die sich aufgrund ihrer berufsspezifischen Kenntnisse, ihres Eintretens für das Selbstbestimmungsrecht der Frau und nicht zuletzt wegen ihrer vielfältigen Kontakte in besonderer Weise für die Angelegenheiten der Frauen in der jüdischen Gesamtvertretung, das heißt der Reichsvertretung der deutschen Juden, engagieren konnte. Im Frauenbund war sie die treibende Kraft hinter der Ausbildungsförderung von Mädchen. Damit sollten deren Auswanderungschancen erhöht werden. Cora Berliner verfolgte dieses Ziel auch nach dem Verbot des Jüdischen Frauenbunds nach dem Novemberpogrom von 1938 weiter und widmete sich ebenso intensiv wie erfolgreich der Frauenauswanderung. Sie selbst und auch die 1897 in Berlin geborene Hauptgeschäftsführerin des Jüdischen Frauenbunds, Hannah Karminski, harrten in Deutschland aus, um denjenigen beizustehen, die keine Auswanderungschance hatten. Dabei wäre beiden Frauen durch ihre internationalen Kontakte die Emigration möglich gewesen. Die Sozialpädagogin Karminski starb auf dem 24. „Osttransport" vom 9. Dezember 1942 in das Vernichtungslager Auschwitz. Cora Berliner wurde bereits im Juni

---

[5] Hannah Karminski, Vorstandssitzung des J.F.B., in: BLJFB 1933, Nr. 6, S. 11.

1942 mit nicht mehr bestimmbarem Ziel in den „Osten" deportiert, wo sie ebenfalls ums Leben kam.

Die seit 1934 bis zur erzwungenen Auflösung im Jahr 1938 amtierende erste Vorsitzende des Frauenbunds, Ottilie Schönewald, war tief in der deutschen Frauenbewegung verwurzelt. 1883 in Bochum geboren, war sie bereits als junge Frau in der Frauenrechtsschutzstelle ihrer Heimatstadt tätig. Sie wirkte als Mitglied im Reichsausschuss der Deutschen Demokratischen Partei (DDP) und als Abgeordnete in der Bochumer Stadtvertretung. 1926 gab sie, die auch Vorstandsmitglied des Centralvereins deutscher Staatsbürger jüdischen Glaubens war, ihre kommunalpolitische Arbeit auf und engagierte sich im Jüdischen Frauenbund, wobei ihr insbesondere die Steigerung des Frauenanteils in den Gemeindevertretungen am Herzen lag.

Der Jüdische Frauenbund verfügte damit in seiner Leitungsspitze über politisch versierte Frauen, für die politische Partizipation eine Selbstverständlichkeit geworden war. Sie bekleideten öffentliche Ämter und hatten in den demokratischen Parteien der Weimarer Republik den Prozess der politischen Willensbildung von der Pike auf kennen gelernt. Sie waren dadurch befähigt, sich für die spezifischen Probleme der Frauen einzusetzen und der Stimme der Frauen in der Reichsvertretung Gehör zu verschaffen. Dies war umso dringlicher, als die Bemühungen um mehr Mitspracherecht des Frauenbunds in der von Männern dominierten Reichsvertretung ohne jeden Erfolg blieben. Trotz intensiver Bemühungen wurde den Frauen und dem Frauenbund weder Sitz noch Stimme im Präsidialausschuss der Reichsvertretung der Juden in Deutschland zugestanden; politische Gleichberechtigung in diesem Gremium blieb ihnen somit verwehrt. Diese Verweigerung gleicher politischer Teilnahme- und Mitbestimmungsrechte in der Reichsvertretung wurde von den jüdischen Frauen auch deswegen als demütigend empfunden, weil sich der Anteil der Frauen in der jüdischen Bevölkerung in den Jahren von 1933 bis 1938 von 52,3 Prozent auf 57,5 Prozent erhöht hatte[6].

3. Förderung der Auswanderung

Die Arbeit des Jüdischen Frauenbunds erfuhr durch die Auswirkungen der „Nürnberger Gesetze" vom 15. September 1935 eine

---

[6] Vgl. Rita R. Thalmann, Jüdische Frauen nach dem Pogrom 1938, in: Arnold Paucker/Sylvia Gilchrist/Barbara Suchy (Hrsg.), Die Juden im nationalsozialistischen Deutschland, Tübingen 1986, S. 295–302, hier S. 298.

erhebliche Erweiterung. Diese Gesetze degradierten die deutschen Juden zu Staatsbürgern zweiter Klasse, denn nach dem Reichsbürgergesetz waren sie nur noch deutsche Staatsangehörige, aber keine mit allen politischen Rechten ausgestatteten Reichsbürger mehr. Der Reichsvertretung der Juden in Deutschland blieb nicht verborgen, dass es insbesondere für die jüdische Jugend damit keine Zukunft in Deutschland mehr gab. Die Förderung der Auswanderung von jüdischen Mädchen und Frauen war ein neues Arbeitsgebiet des Frauenbunds, das den bisherigen Rahmen sozialer Frauenarbeit sprengte. Der Frauenbund engagierte sich mit aller Kraft für die von der Reichsvertretung vernachlässigte Auswanderung von Mädchen und Frauen. Um diese vor der nationalsozialistischen Verfolgung zu bewahren, intensivierte er seit 1935 seine Bemühungen, Mädchen und Frauen in besonders nachgefragten Berufen auszubilden. Das war auch deshalb notwendig, weil Frauen und Mädchen zum Beispiel bei der Zertifikatserteilung für Palästina benachteiligt und die Umschulungen und Ausbildung erheblich geringer bezuschusst wurden als die der Männer. So beklagte die Schriftführerin des Frauenbunds, Hannah Karminski, es sei leider kein Einzelfall, dass in einem Provinzialverband für jüdische Wohlfahrtspflege 1937 Ausbildungszuschüsse für 72 Jungen, aber nur für zehn Mädchen bewilligt worden seien[7]. Der Frauenbund bemühte sich, diese Lücke in der Mädchenausbildung zu schließen und richtete in begehrten Ausbildungsbereichen, zu denen zum Beispiel die Säuglingspflege, höhere Lehrberufe oder das Schneiderhandwerk zählten, zusätzliche Ausbildungsplätze ein.

Anfang 1936 erreichte der Frauenbund seine Aufnahme in das Kuratorium des Hilfsvereins der Juden in Deutschland, der hauptsächlich die Auswanderung in das außereuropäische Ausland organisierte, und erhielt dadurch wirksame Einflussmöglichkeiten auf die Frauenauswanderung. Ehrenamtliche Mitarbeiterinnen des Frauenbunds berieten in wöchentlichen Sprechstunden, die in den Büros des Hilfsvereins in Berlin, Breslau, Stettin, Leipzig, Königsberg und Frankfurt am Main abgehalten wurden, jeweils etwa 50 bis 60 Frauen in Auswanderungsfragen. Das soziale Netz des Frauenbunds wurde dabei bis in die Emigrationsländer ausgebaut, indem Vertrauensfrauen im jeweiligen Emigrationsland brieflich regelmäßig über ihre Erfahrungen in der Fremde berichteten und neu ankommenden Frauen den Start erleichterten.

---

[7] Vgl. BLJFB 1938, Nr. 2, S. 3.

4. Frauen in der jüdischen Winterhilfe

Nachdem im Winter 1935 die jüdische Bevölkerung vom „Winterhilfswerk des Deutschen Volkes" ausgeschlossen wurde, organisierte die Zentralwohlfahrtsstelle der Reichsvertretung der Juden in Deutschland mit den ihr angeschlossenen Stellen im Oktober 1935 ein eigenes Winterhilfswerk. Dafür wurde der Jüdische Frauenbund dringend gebraucht, da es die Frauen waren, die unentgeltlich die beschwerliche Arbeit der Sammlungen auf sich nahmen; dazu zählte zum Beispiel die „Pfundspende", eine Lebensmittelspende, die durch Geld abgegolten werden konnte. Mitglieder aller Altersstufen engagierten sich in der jüdischen Winterhilfe aus Solidarität mit ihrer in Not gebrachten Gemeinschaft:

> „Zu dem weder leichten noch angenehmen Sammeln haben sich [...] Frauen in freudiger Bereitschaft scharenweise gemeldet. Viele, die im Beruf stehen, stellen ihre freien Stunden zur Verfügung, laufen treppauf, treppab, oft vergebens, dann noch einmal, gleichviel ob die erwartete Spende groß oder gering ist, ungeachtet des nicht immer freundlichen Empfangs."[8]

Der Jüdische Frauenbund betrachtete es darüber hinaus als seine Aufgabe, auch denjenigen zu helfen, für die eine Auswanderung nicht in Frage kam. Er kümmerte sich ferner um die seelischen und materiellen Nöte der Menschen, die schwer an ihrer unverschuldeten Armut trugen: „Was aus diesen Menschen wird", bemerkte Cora Berliner auf der Arbeitstagung des Jüdischen Frauenbunds im November 1935, „von *uns* hängt es ab!"[9]

Dieses hohe Maß an Verantwortungsbewusstsein gegenüber den in Not und Bedrängnis geratenen Juden und Jüdinnen zeichnete auch Else Meyring aus, die 1883 in Stettin geboren wurde und dort führend in Selbsthilfeorganisationen tätig war. Im Alter von nur 28 Jahren wurde sie in den Vorstand des Stettiner Frauenvereins gewählt, da sie sich in der Ortsgruppe des Allgemeinen Deutschen Frauenvereins im Bereich des Rechtschutzes, bei Fragen der Kinderbetreuung und des Jugendschutzes außerordentlich bewährt hatte. Wie viele Frauen ihrer Generation betätigte sie sich im Ersten Weltkrieg im Nationalen Frauendienst, wobei ihr bald die Leitung der Fürsorge für die Kriegshinterbliebenen übertragen wurde. Nach dem Krieg wurde sie zur ehrenamtlichen Hilfsdezernentin

---

[8] Martha Ollendorf, Jüdische Winterhilfe – Pfundsammlung der Frauen, in: BLJFB 1936, Nr. 1, S. 6.
[9] Hannah Karminski, Eine Arbeitstagung. Gesamtvorstandssitzung des Jüdischen Frauenbundes, in: BLJFB 1935, Nr. 12, S. 2.

für Frauen und Kinderfragen beim Wohlfahrtsamt bestellt. Von 1919 bis 1929 arbeitete Else Meyring in Stettin für die DDP als Stadträtin; sie war in der Weimarer Zeit die einzige politische Vertreterin ihrer Heimatstadt. In dieser Zeit begann sie sich auch von den traditionell weiblichen Arbeitsgebieten ihres Berufs zu lösen. Schlüsselerlebnis war dabei offenbar ein Gespräch mit dem damaligen preußischen Finanzminister, das sie in ihren Lebenserinnerungen schildert. Dieser befragte sie nach ihren Arbeitsgebieten, und sie antwortete:

„Natürlich Wohlfahrts- und Jugendfragen! ‚Warum natürlich?' fragte er, ‚Ich könnte mir denken, dass eine Frau auch noch für andere Gebiete Verständnis hat'. Das saß wie ein Hieb und in der zweiten Wahlperiode ließ ich mich in alle Schulkommissionen, in alles was Gesundheits- und Kulturfragen betraf, in die Wohnungsbaudeputation u.a.m. delegieren."[10]

Als sie nach den Bestimmungen des Berufsbeamtengesetzes ihre Anstellung in den städtischen Fürsorgeeinrichtungen verlor, zögerte sie nicht, ihre Kenntnisse in jüdische Selbsthilfeorganisationen einzubringen. Sie organisierte bis 1936 die Jüdische Winterhilfe in Stettin, dessen Jüdische Gemeinde sich von ursprünglich 2000 Mitgliedern durch die Auswanderung ständig verkleinerte. Sie kümmerte sich um Auswanderungsmöglichkeiten und avancierte 1936 zur Leiterin der Auswanderungsberatungsstelle der Reichsvertretung der Juden in Deutschland. Dieses Amt hatte sie inne, bis sie selbst am 12. Februar 1940 nach Lublin verschleppt wurde.

Else Meyring ist wie Ottilie Schönewald ein Beispiel für jüdische Frauen, die in der Weimarer Republik dank ihrer Ausbildung und ihres Könnens herausgehobene Positionen erreichten und politischen Einfluss erlangten. Beides wurde ihnen durch die antijüdische Politik des NS-Staats entzogen. Jedoch sicherten sie sich neue Partizipationsmöglichkeiten, indem sie sich entschlossen, ihre ganze Kraft und Energie nunmehr auf die Arbeit in den jüdischen Selbsthilfeorganisationen zu konzentrieren.

5. Das Ende des Frauenbunds und individuelle Rettungsmaßnahmen

Nach dem Pogrom vom 9./10. November 1938 wurde die Zwangsauflösung des Jüdischen Frauenbunds wie auch aller anderen jüdischen Organisationen verfügt, das Vermögen des Frauenbunds und seine Einrichtungen fielen der im Juli 1939 gegründete Reichsver-

---

[10] LBI Berlin, M.82.E. Erinnerungen von Elsa Meyring, S. 11.

einigung der Juden in Deutschland zu. Ehemalige verantwortliche Mitarbeiterinnen des Jüdischen Frauenbunds wie Cora Berliner und Hannah Karminski versuchten, ihre Arbeit in den Abteilungen der Reichsvereinigung fortzusetzen. Ihr Handlungs- und Gestaltungsspielraum war hier jedoch minimal, da alle Mitarbeiter und Mitarbeiterinnen der Reichsvereinigung unter der Aufsicht der Gestapo standen. Eine der neuen Hauptaufgaben wurde es dabei, Unterstützung bei der nach dem Pogrom einsetzenden Massenflucht der Juden aus Deutschland zu leisten.

Der Herbst des Jahres 1938 bildete auch insofern eine Zäsur, als jüdische Frauen bei der Verschleppung und Ausweisung der polnisch stämmigen Juden vom 28. Oktober 1938 und auch während des Novemberpogroms erstmals direkte, gegen sie als Frauen gerichtete körperliche Gewalt erlebten[11]. Der Jüdische Frauenbund organisierte spontan Betreuung und Verpflegung der Betroffenen. Auch nach der Zwangsauflösung der jüdischen Vereine und Institutionen engagierten sich einzelne Frauen aktiv in der Selbsthilfe und suchten sich gleichgesinnte Mitstreiterinnen.

Von welcher existenziellen Bedeutung dieses Engagement auch einzelner Frauen war, zeigte sich am 13. September 1939, als allein in Berlin 534 Juden polnischer Staatsangehörigkeit in das KZ Sachsenhausen verschleppt wurden. Die verzweifelten Angehörigen, die sich hilfesuchend an die Reichsvereinigung und die Jüdische Gemeinde wandten, erfuhren dort keinerlei Unterstützung. Zu diesen Verhafteten gehörte der 1882 in Polen geborene Leon Szalet[12], der seit 1921 in Berlin als Immobilienmakler lebte. Seine 1914 geborene Tochter Gitla-Matla Szalet[13], die in Berlin aufgewachsen war und studiert hatte, versuchte vergebens, Hilfe von den genannten Institutionen zu erhalten. Daraufhin entwickelte sie mit zwei weiteren betroffenen Frauen eine bemerkenswerte Selbsthilfestrategie, indem sie gezielt nach einflussreichen Journalisten suchte, die sie dazu brachte, im Reichspropagandaministerium nach den Verschleppten zu fragen. Dies wurde umso dringlicher, da täglich Todesmeldungen aus Sachsenhausen bei den Familien eintrafen. Szalet gelang es, den Journalisten Louis Lochner von der „Associated Press" von ihrem Anliegen zu überzeugen. Dieser informierte die internationale Presse von der Verschleppung der Juden polnischer Staatsangehörigkeit. Letztendlich gelang es Szalet damit,

---

[11] Vgl. Thalmann, Jüdische Frauen, S. 296f.
[12] Vgl. Leon Szalet, Baracke 38. 237 Tage in den „Judenblocks" des KZ Sachsenhausen, bearb. von Winfried Meyer, Bd. 3, Berlin 2006.
[13] LBI New York, AR 10587, I. B. 1, F. 1, Erinnerungen von Gitla Szalet.

ganz erheblich Druck aufzubauen. Denn nachdem Lochner über die Vorgänge berichtet und bei der nächsten Pressekonferenz im Propagandaministerium nach den Verschleppten gefragt hatte, verbesserte sich die Situation der Inhaftierten; auch wurden einige Männer entlassen.

Gitla-Matla Szalet sprach auch beim Schwedischen Gesandten in Berlin vor, der die Vertretung der polnischen Interessen übernommen hatte, in dieser Sache zunächst allerdings nicht zur Hilfe bereit war. Erst als sie ihm zusammen mit zwei anderen Frauen ihre Sicht der Dinge hatte vortragen können, stellte er in Aussicht, sich bei den polnischen Behörden für ihr Anliegen einzusetzen. Vergeblich, weil Warschau bald danach fiel und der polnische Staat aufhörte zu existieren. Ein vorläufiger Erfolg war allerdings, dass die Frauen brieflich mit den Inhaftierten in Kontakt treten konnten. Ferner erfuhren sie von der Möglichkeit, durch Vorlage von Ausreisepapieren die Entlassung zu beschleunigen. Es gelang Szalet daraufhin tatsächlich, für ihren Vater und auch für sich die Auswanderung nach Shanghai zu organisieren. Am 7. Mai 1940 wurde Leon Szalet aus dem KZ Sachsenhausen entlassen, kurz darauf konnte er mit seiner Tochter in Genua das letzte nach Ostasien ablegende Schiff besteigen. Im Gegensatz zur institutionalisierten Form der politischen Partizipation der Mitglieder des Jüdischen Frauenbunds agierten Szalet und ihre Mitstreiterinnen ohne institutionelle Unterstützung und allein aufgrund eigener Initiative. Ihre Form der Partizipation war in dieser sich verschärfenden Situation der Entrechtung und Verfolgung vermutlich die einzig Erfolg versprechende Handlungsweise.

Unterstützung fanden die Frauen auch bei Recha Freier[14], der Gründerin des Vereins Jüdische Jugendhilfe, die Tausenden von jüdischen Jugendlichen die Auswanderung nach Palästina ermöglichte. Sie organisierte eine Registrierung aller betroffenen Familien, um eine klares Bild von der Situation zu erhalten. Denn durch die Inhaftierung der Männer, die in der Regel die Ernährer der Familien waren, befanden sich diese zum Teil in erheblicher existenzieller Not. Recha Freier erreichte bei der Jüdischen Gemeinde eine Unterstützung dieser Familien. Obwohl die Gestapo von dieser Hilfsaktion erfahren und diese umgehend untersagt hatte, wurde die Initiative Recha Freiers dennoch fortgeführt: Die betroffenen Familien erhielten fortan von besser gestellten Personen Unterstützung.

---

[14] Recha Freier (geb. Schweizer), geboren 1892 in Norden (Ostfriesland), verstorben 1984 in Jerusalem.

6. Zusammenfassung

Der Jüdische Frauenbund wählte als Gesamtorganisation der im Deutschen Reich lebenden Jüdinnen Frauen wie die früheren Stadträtinnen Ottilie Schönewald und Else Meyring in Führungspositionen, die sich in der Weimarer Republik politisch engagiert hatten und Erfahrungen aus der politischen Arbeit in den Frauenbund einbrachten. Diese aktiven jüdischen Frauen erkannten für sich selbst und die jüdische Gemeinschaft die Notwendigkeit, sich neue Partizipationsmöglichkeiten zu erkämpfen. Obwohl sie nur eingeschränkt Einfluss auf die Entscheidungen der männlich dominierten Reichsvertretung (respektive Reichsvereinigung) hatten, erweiterten die Frauen seit 1933 kontinuierlich ihre Arbeitsgebiete, die weit über die ursprünglichen Funktionen des Frauenbunds hinausgingen.

Nach der erzwungenen Auflösung des Jüdischen Frauenbunds 1938 und dem stärker werdenden Verfolgungsdruck änderten sich die Bedingungen und Möglichkeiten der Hilfe. Die Situation der jüdischen Frauen hatte sich nach der Zerschlagung der jüdischen Vereine und Organisationen im Herbst 1938 dramatisch verändert. Einzelne Frauen wie Gitla-Matla Szalet, die keine Hilfe von übergeordneten Institutionen erwarten konnten, da es nur noch die von der Gestapo kontrollierte jüdische Reichsvereinigung gab, organisierten ihre eigene Selbsthilfegruppe, die gezielt politischen Druck ausübte und damit sehr erfolgreich war.

Die Frauen des Jüdischen Frauenbunds, die sich in das Ausland retten konnten, nahmen unverzüglich nach ihrer Ankunft im Emigrationsland ihre Arbeit auf. So engagierte sich Elsa Meyring, die 1940 nach Schweden flüchten konnte, als Vorstandsmitglied und Fürsorgerin bei der Emigranten-Selbsthilfe in Stockholm. Ottilie Schönewald arbeitete in London im Vorstand der Association of Jewish Refugees[15]. Für diese jüdischen Frauen war und blieb politische Partizipation ein selbstverständlicher Bestandteil ihres Lebens.

---

[15] Vgl. Gudrun Maierhof, Selbstbehauptung im Chaos. Frauen in der jüdischen Selbsthilfe 1933–1943, Frankfurt a.M. 2002, S. 90.

Christoph Kühberger
Von Frauen und Feiern
Die inszenierte Integration von Frauen in den NS-Staat

1. Einführung

Politische Feierlichkeiten waren eine der Arenen, in der das nationalsozialistische Deutschland seine Herrschaft zur Schau stellte und seine rassistisch-weltanschaulichen Visionen inszenierte. Hier wurde eine als Ideal angestrebte Weltordnung zelebriert und kommuniziert. Lange Zeit galten die politischen Feierlichkeiten der Nationalsozialisten als Chiffren einer patriarchalen Machtdemonstration. Die kollektive Erinnerung ist geprägt von marschierenden Männern auf den Reichsparteitagen in Nürnberg. Doch wo war in diesem Kosmos, der weit über die Reichsparteitage hinausging, der Raum der Frauen? Welche Möglichkeiten der Teilnahme boten sich ihnen? Inwieweit kann dies als Partizipationsform beschrieben werden?

2. Politische Feierlichkeiten als Arenen weiblicher Partizipation

Politische Feierlichkeiten dienten zur Stabilisierung von Herrschaft und stellten damit eine Form von Partizipation dar. Nach Fernando Ferrara und Luigi Coppola ermöglichen es politische Feste den Machthabern, anhand der dabei kommunizierten Botschaften herauszufinden, ob das politische System (oder auch nur einzelne Ideen) noch ausreichend Unterstützung erfährt. Im Zweiten Weltkrieg veränderten sich beispielsweise die Rückmeldungen aus der Gesellschaft. Zum einen wurden negative Befindlichkeiten gegenüber dem NS-Regime artikuliert, zum anderen schwand die Unterstützung so stark, dass die politischen Feierlichkeiten nur noch schwach besucht und damit zu inszenierten Manifestationen ohne Rückhalt wurden[1].

Das Fest stellt damit nicht nur einen idealen Raum zur Autorepräsentation dar, sondern auch ein Feedbacksystem, welches die

---

[1] Vgl. Christoph Kühberger, Grenzen der Inszenierung. Die Störanfälligkeit von NS-Veranstaltungen in Österreich, in: Jahrbuch des Oberösterreichischen Musealvereins 145 (2000), S. 189–216, hier S. 196ff.

Beziehung zwischen der politischen Führung und der Bevölkerung überwacht, um ein Gleichgewicht zu halten, das den Herrschenden die Macht sichert[2]. Auf diese Weise konnten politische Feierlichkeiten im nationalsozialistischen Regime Arenen sein, in denen legale und spontane beziehungsweise unkonventionelle Partizipation stattfand. Dies galt auch für die weibliche Bevölkerung.

Frauen waren im Dritten Reich nicht nur auf die private Sphäre (Mutterschaft, Haushalt, Familie) reduziert. Vielmehr gab es auch spezifische weibliche Verwirklichungsmuster im öffentlichen Raum. Gisela Bock konstatiert für den Nationalsozialismus ein Paradox, das sie unter anderem im Widerspruch zwischen weiblichen Massenorganisationen und der Zuweisung der Frauen in den privaten Raum sieht[3]. Dieser scheinbare Gegensatz löste sich in der politischen Festkultur teilweise auf. Es galt: Je niedriger die Ebene der NS-Institutionenhierarchie war, desto mehr wurden Frauen in die offizielle Repräsentation eingebunden[4]. Um diese These zu diskutieren, werden im Folgenden neben der nationalen Ebene auch regionale und lokale Fallbeispiele beleuchtet, ohne jedoch auf spezifische Veranstaltungen und Feiern der NS-Frauenschaft einzugehen. Diese im Kleinen organisierten politischen Veranstaltungen und Treffen (u.a. Gartenfeste, Frauenabende) stellten zwar wichtige Frauenräume dar, der Fokus des vorliegenden Aufsatzes zielt jedoch auf die Möglichkeiten weiblicher Partizipation an den hohen Feiertagen und den damit verbundenen Veranstaltungen des NS-Regimes[5]. Aus denselben Gründen werden auch die „Muttertags"-Feierlichkeiten aus den folgenden Betrachtungen ausgeklammert.

3. „Frauen und Nichtmarschierer". Die weibliche Bevölkerung und die hohen Feiertage

Es gibt Beispiele, die schnell zur Hand sind und die eine Integration von Frauen in die offiziellen Feierlichkeiten der NSDAP belegen. Doch Frauen wie Schwester Pia (Eleonore Baur), die als Blutsorden-

---

[2] Vgl. Fernando Ferrara/Luigi Coppola, Le feste e il potere, Rom 1983, S. 45.
[3] Vgl. Gisela Bock, Frauen in der europäischen Geschichte. Vom Mittelalter bis zur Gegenwart, München 2000, S. 275.
[4] Vgl. Christoph Kühberger, Politische Feierlichkeiten und weibliche Partizipation in Oberdonau, in: Gabriella Hauch (Hrsg.), Frauen im Reichsgau Oberdonau. Geschlechterspezifische Bruchlinien im Nationalsozialismus, Linz 2006, S. 89–106, hier S. 105.
[5] Dazu zähle ich hier v.a. die gesetzlich geregelten Feiertage (9. November, Heldengedenken, Erntedank) sowie die Reichsparteitage.

trägerin bei den Feierlichkeiten zum 9. November („Gedenktag an die Gefallenen der Bewegung") im Festzug in München mitmarschieren durfte, bildeten die Ausnahme. In der Regel spielten Frauen eine Neben- oder Stellvertreterrolle, zum Beispiel als Witwen von getöteten Putschisten, die auf Ehrenplätzen an der Feierlichkeit teilnahmen. In den meisten Fällen, vor allem bei streng militärischen beziehungsweise militanten Feierlichkeiten der NSDAP oder des Staats, präsentierte sich eine reine Männergesellschaft. Frauen hätten dort nur das heroische Element gestört oder einen Frauentypus präsentiert, der nicht zur Geschlechterrollenideologie der NS-Propaganda passte. Die Integration der Frauen bei den hohen Feiertagen der Partei fand daher meist nur im politischen Diskurs statt, wo Frauen das Leiden der Bevölkerung repräsentierten und als weicher, gefühlvoller Gegenpol zum heldenhaften Männlichkeitskonzept stilisiert wurden. So heißt es etwa anlässlich des Heldengedenktags im März 1936 im „Völkischen Beobachter":
„Heute, am Helden-Sonntag, wollen wir ihrer gedenken, dieser stillen Dulderinnen, dieser treuen Gefährtinnen, die ihr einziges, ihr alles opferten am Altar des bedrängten Vaterlandes. [...] Deutschlands Frauen, Mütter, Söhne und Töchter und die Väter tragen ihr Schicksal mit Würde, gedenken ihrer teuersten Toten, verwalten deren Vermächtnis oft in härtesten, bittersten Tagen und Jahren, die Frauen aber und die Mütter, sie trugen, sie tragen das Schwerste [...] und das Schönste zugleich: Der Opfergang ihrer Lieben als Saat zum neuen, freien Deutschland!"[6]
Auch in der Provinz – fernab der „Weihestätte" der nationalsozialistischen Bewegung – waren erwachsene Frauen am 9. November weitgehend unsichtbar. Wenn sie auf Ehrenplätzen in Erscheinung traten, wie dies Zeitungsberichte der Lokalpresse vereinzelt vermerken, dann hauptsächlich in ihrer Mutterrolle[7]. Dabei muss man sich bewusst machen, dass dies mitunter als eine Aufwertung der Frau in einem dualen und sich ergänzenden Geschlechterarrangement verstanden wurde.

Auch die Reichsparteitage boten nur wenig Raum für weibliche Partizipation. So konnte es etwa die „alte Kämpferin" Irene Seydel 1933 am Reichsparteitag kaum glauben, dass es im siebentägigen Programm keine einzige Frauenveranstaltung gab. Bei vorangegangenen Parteitagen war dies durchaus üblich gewesen[8]. Der Grund

---

[6] Völkischer Beobachter, Münchner Ausgabe, vom 8. 3. 1936, S. 9.
[7] Tages-Post vom 11. 11. 1940, S. 5.
[8] Vgl. Claudia Koonz, Mütter im Vaterland. Frauen im Dritten Reich, Freiburg 1991, S. 180; Siegfried Zelnhefer, Die Reichsparteitage der NSDAP.

für den Ausschluss der Frauen vom Parteitag 1933 lag wohl in den damaligen Organisationsproblemen der Frauenverbände. Da sich weder Hitler noch die Partei vor 1931/32 sonderlich intensiv mit der nationalsozialistischen Frauenbewegung beschäftigten, existierte bis zu diesen Zeitpunkt ein frauenpolitischer Pluralismus, der sich ohne Führerbefehl organisierte und weitgehend frei entwickeln konnte. Ende 1933 verloren die Frauen diese Unabhängigkeit und „alte Kämpferinnen" wurden entlassen. Gertrud Scholtz-Klink sollte nunmehr als „Reichsfrauenführerin" eine parteikonforme Linie vorgeben[9].

1934 wurde den Frauenorganisationen auf dem Reichsparteitag wieder eine eigene Veranstaltung zugebilligt. An einem Abend fand die NS-Frauenschaftstagung in der Kongresshalle statt, die für die weiblichen Organisationen zweifelsohne einen Höhepunkt ihrer politischen Tätigkeit darstellte. Doch stand diese Veranstaltung – gemessen am Umfang des Programms des Parteitags – im Schatten der traditionsreichen Aufmärsche der männlichen Organisationen in der Luitpoldarena oder auf dem Zeppelinfeld. So erging es auch den 500 Führerinnen des Frauenarbeitsdiensts auf dem Reichsparteitag 1935, die beim Appell des Reichsarbeitsdiensts ihre 54000 männlichen Kollegen nur von den Zuschauerrängen aus beobachten konnten, als passive Dekoration der männlichen Selbstdarstellung. Eine Parade oder ein Appell in aller Öffentlichkeit, wie ihn alle anderen männlichen Gliederungen hatten, blieb den nationalsozialistischen Frauen versagt. Einzig die zum Veranstaltungsort ziehenden Frauenabordnungen aus dem Deutschen Reich suggerierten eine Aufmarschszenerie[10]. Auch Gertrud Scholtz-Klink hatte auf dem „Frauenkongreß"[11] keine führende Rolle. Sie durfte zwar eine Rede halten, aber wenn der Reichsleiter der NS-Volkswohlfahrt, Erich Hilgenfeldt, anwesend war, konnte sie nicht einmal die Veranstaltung eröffnen[12]. Die anwesenden Frauen der

---

Geschichte, Struktur und Bedeutung der größten Propagandafeste im nationalsozialistischen Feierjahr, Neustadt a.d. Aisch 1991, S. 29.

[9] Vgl. Claudia Koonz, Frauen schaffen ihren „Lebensraum" im Dritten Reich, in: Barbara Schaeffer-Hegel (Hrsg.), Frauen und Macht. Der alltägliche Beitrag der Frauen zur Politik des Patriarchats, Berlin 1984, S. 47–57, hier S. 53.

[10] Vgl. u.a. Völkischer Beobachter, Münchner Ausgabe, vom 13.9.1935, S. 2.

[11] Vgl. zur Bezeichnung: Völkischer Beobachter, Münchner Ausgabe, vom 18.9.1935, S. 11.

[12] Vgl. u.a. Völkischer Beobachter, Münchner Ausgabe, vom 16.9.1936, S. 12, und vom 12.9.1937, S. 8.

unterschiedlichsten nationalsozialistischen Organisationen, nach Parteiangaben waren es 1936 20000[13], wurden auf die passive Rolle von Zuhörerinnen reduziert. Sie gehörten also zu jener Kategorie, die schon vor ihrer Ankunft auf den kleinen braunen Sonderzugtickets vermerkt war: „Frauen und Nichtmarschierer"[14].

Die weibliche Bevölkerung schien in der offiziellen Repräsentation des NS-Staats keine Rolle zu spielen. Selbst die Frauen der hohen nationalsozialistischen Würdenträger wurden systematisch aus der Selbstdarstellung der Partei ausgeschlossen. Nicht nur der „Führer", sondern jeder Führer, auch in den unteren Rängen, hatte sich offensichtlich mit der Aura würdevoller Einsamkeit zu umgeben, um seine Position als Leitfigur zu unterstreichen. So hieß es in einer parteiinternen Anordnung aus dem Jahr 1934:

„Es macht auf jeden Zuschauer einen denkbar schlechten Eindruck, wenn auf dem Weg zu und von offiziellen Veranstaltungen des Reiches oder der Partei, zumal bei solchen, bei denen Spalier gebildet wird, Nationalsozialisten, die an ihrer Uniform als Führer kenntlich sind und denen entsprechende Ehrenbezeugungen erwiesen werden, ihre Frauen im Auto bei sich haben."[15]

Überhaupt deutet vieles auf eine von der Partei verordnete Geschlechtertrennung in der offiziellen Repräsentation hin, die sich auch auf das Publikum übertrug. Wenn man dem Bericht des „Völkischen Beobachters" vom 9. November 1934 Glauben schenkt, unterwarf sich in München der Großteil der Frauen dieser Haltung:

„Es summte und wogte wie von hundert Bienenschwärmen. Gaben die Männer am Mittag dem Gedenkakt an der Feldherrnhalle das Gepräge, so kann man mit Genugtuung feststellen, daß ein großer Teil der Münchner Frauenwelt den Abend im Odeon [die Weihestunde für den 9. November] für sich in Anspruch nimmt."[16]

Auch der 1. Mai in Berlin, ab 1934 der „nationale Feiertag des deutschen Volkes", war eindeutig von Männern geprägt. Dieser Feiertag, ebenso wie das Erntedankfest am Bückeberg, sollte im Sinn der nationalsozialistischen „Volksgemeinschaft" begangen werden und nicht primär zur Reproduktion von Parteimythen dienen, und trotzdem: Eine ausgewogene öffentliche Repräsentation der Geschlechter fand auch hier nicht statt – bei den Protagonisten

---

[13] Vgl. Offizieller Bericht über den Verlauf der Reichsparteitage mit sämtlichen Kongreßreden, München 1936, S. 161.
[14] Völkischer Beobachter, Münchner Ausgabe, vom 16. 9. 1936, S. 12.
[15] BA Berlin, NS 6/216, Anordnung vom 13. 4. 1934.
[16] Völkischer Beobachter, Münchner Ausgabe, vom 10. 11. 1934, S. 13.

ohnehin nicht, die meist aus Abordnungen der SA, SS, NSBO, des Freiwilligen Arbeitsdiensts und der Technischen Nothilfe bestanden, aber auch im Publikum nicht, das ebenfalls von Männern dominiert wurde. Die Festzüge, die sich am 1. Mai 1934 sternförmig auf das Tempelhofer Feld in Berlin zubewegten, bestanden durchwegs aus männlichen Vertretern der Parteiorganisationen und der verschiedenen Berufsgruppen. Frauen stellten auch hier die Ausnahme dar[17]. Mancherorts wurden sie von den Festzügen sogar ganz ausgeschlossen. So war es Jugendlichen unter 15 Jahren und Frauen am 1. Mai 1933 in Bremen verboten, am Maiumzug teilzunehmen. Sie durften den Vorbeiziehenden lediglich Erfrischungsgetränke reichen[18]. Ähnlich war es in Salzburg 1938, wo der Festzug nur aus männlichen „Volksgenossen" bestand[19].

Allerdings trat vielerorts eine „Maikönigin" als Fruchtbarkeitssymbol in den Umzügen auf[20]. Die „Maikönigin", der manchmal ein „Maikönig" zur Seite stand, sollte ein junges, frisch und gut aussehendes Mädchen sein, das zur „lebendigen Verkörperung der Kraft von Volk und Nation" geeignet sei. Die nationalsozialistische Weltanschauung verlangte eine „Beibehaltung oder Wiedereinführung der ursprünglichen, oft bis in die germanische und nordische Vorzeit zurückreichende Ausrufung von Maikönigin und Maikönig"[21]. Damit sollte eine katholische Nutzung des als „germanisch" betrachteten Brauchs für den Marienkult verhindert werden. Im letzten groß inszenierten Maifestzug in Berlin 1934 fuhr auch eine Maikönigin mit. Geschmückt mit Blumen, begleitet von jungen Mädchen als Ehrenjungfrauen, saß sie auf einem Festwagen unter einem Baldachin aus Lilien. Sie wurde sogar in der Reichskanzlei empfangen und als „sich der Führer mit der Maikönigin am Fenster zeigte, wollte die Begeisterung der Menge kein Ende nehmen"[22]. Diese volkstümliche Spielform findet man auch auf lokaler Ebene. Dort ist zu beobachten, dass neben dem BdM, der regelmäßig – nicht zuletzt wegen der Organisationsstruktur – in die offizielle Repräsentation eingebaut war, auch die NS-Frauen-

---

[17] Vgl. Völkischer Beobachter, Münchner Ausgabe, vom 2.5.1934, S. 1f.
[18] Vgl. Klaus Dyck/Jens Joost-Krüger, Unserer Zukunft eine Gasse. Eine Lokalgeschichte der Bremer Maifeiern, in: Inge Marßolek (Hrsg.), 100 Jahre Zukunft. Zur Geschichte des 1. Mai, Frankfurt a.M. 1990, S. 191–257, hier S. 228.
[19] Vgl. Salzburger Volksblatt vom 30.4.1938, S. 10.
[20] Vgl. Völkischer Beobachter, Münchner Ausgabe, vom 30.4.1938, S. 26.
[21] Otto Schmidt, Nationaler Feiertag des deutschen Volkes, in: Schriftreihe „Feste und Feiern im Jahresring". Berlin o. J, S. 54f.
[22] Völkischer Beobachter, Münchner Ausgabe, vom 2.5.1934, S. 2.

schaft mobilisiert wurde. Je kleiner die Orte, an denen die Veranstaltungen abgehalten wurden, desto notwendiger waren Frauen, um auch quantitativ jenen Inszenierungsansprüchen gerecht zu werden, die von der Partei gefordert wurden. Am Beispiel des Gaus Oberdonau zeigt sich, dass Frauen bereits ab 1938 häufig integriert wurden. Sie traten jedoch, abgesehen von den Jugendorganisationen, vornehmlich als „Volk" und da meist in Tracht auf, nicht jedoch als „Parteimitglieder"[23].

4. Frauen in vorderster Reihe: das Erntedankfest

Einzig die offiziellen Erntedankfeierlichkeiten nehmen im Kreis der hohen Feiertage des Regimes eine Sonderstellung ein, da hier Frauen auch in der Selbstdarstellung der Partei eine beträchtliche Rolle spielten. Nicht nur im Publikum war das Verhältnis der Geschlechter relativ ausgewogen, 800 Bäuerinnen erhielten am Bückeberg sogar die Gelegenheit, ein Ehrenspalier für den „Führer" zu bilden, durch das Hitler 1935 zur Tribüne schritt[24]. Auch anderswo war das Landvolk durch Bauern und Bäuerinnen, durch Mägde und Knechte vertreten. Die Nationalsozialisten schienen erkannt zu haben, dass bei Erntedankfeierlichkeiten, die ja unverkennbar bäuerliche Mentalitäten und Sehnsüchte nach der heilen Welt des Dorfs und des heimischen Brauchtums ansprachen[25], beide Geschlechter zur authentischen Umsetzung dieser idyllischen, aber politisierten Grundidee des Fests nötig waren. Nur so ist es zu erklären, dass man marschierende Bäuerinnen, in Vierer- oder Sechserreihen in den Festzügen, wie etwa in München, akzeptierte. Gerade diese Festzüge waren es, die die starre Geschlechtertrennung überwanden. Auf den Erntewägen saßen Mägde neben Knechten im Heu, und Schnitterinnen marschierten mit ihren männlichen Kollegen am Publikum vorbei.

Das Fest am Bückeberg hatte trotz dieser Zugeständnisse an Frauen ein überwiegend militärisches Gepräge. Selbst die Worte der Bäuerin, die Hitler den Erntekranz überreichte, klangen martialisch: „Mein Führer! Sie schützen mit starker Hand unser Land, unser Volk, unseren Stand!"[26] Dass jedoch eine Jungbäuerin die

---

[23] Vgl. u.a. Tages-Post vom 4.5.1938, S. 8.
[24] Vgl. die Fotos in: Hans Ostwald (Hrsg.), Erntedankfest. 1. Oktober 1933. Der deutschen Bauern Ehrentag, Berlin 1934, S. 59 ff.
[25] Vgl. Bernhard Gelderblom, Die Reichserntedankfeste auf dem Bückeberg 1933–1937, Hameln 1998, S. 50.
[26] Helmut Rosenfeld, Deutsches Ernte-Dankfest 1933, Potsdam 1933, S. 48 ff.

Erntekrone an Hitler übergab, knüpfte an die bäuerliche Tradition an, wonach die Mägde die selbstgebundene Krone dem Bauern und seiner Frau mit Glückwünschen überreichten[27]. Als die großen Erntedankfeierlichkeiten bei Hameln nach 1937 nicht mehr stattfanden, versuchten die nationalsozialistischen Propagandisten das Fest ab 1942 auf Gau- und Ortsebene wiederzubeleben. Mit dieser Rückkehr des bäuerlichen Hochfests im Krieg kam es zu einer zusätzlichen Stärkung der weiblichen Partizipation. Laut einer Informationsbroschüre der Gaupropagandaleitung Oberdonau für das Erntedankfest 1943 sollte in den Dörfern, neben den gewohnten Erntezügen eine „Ehrung der Bäuerinnen" vorgenommen werden. Es sollten vor allem solche Bäuerinnen gewürdigt werden, die auf sich alleine gestellt waren, weil ihre Männer und Söhne im Feld standen, und die sich höchstens auf ausländische Arbeitskräfte oder auf Nachbarschaftshilfe stützen konnten. Besondere Aufmerksamkeit erhielten jene Bäuerinnen, deren Männer oder Söhne gefallen waren. Die HJ sollte ihnen ein Ständchen bringen und Blumen überreichen[28].

Der Reichsgau Oberdonau setzte diese Ideen am 2. und 3. Oktober 1943 auf dem Gauerntedankfest in Ried im Innkreis um[29]. Sonderzüge und Busse brachten die Gäste zum Veranstaltungsort. Neben der Eröffnung der Milchleistungsschau, einer Morgenfeier und einem Volksfest bildete ein Erntezug des Reichsarbeitsdiensts den Kern der Veranstaltung. Das bäuerliche Milieu wurde dabei in szenenartigen Schaubildern auf Festwägen inszeniert. An der Spitze des Zugs marschierten Vertreter des RAD mit geschulterten Spaten, danach kamen Bauern auf Pferden und historische Schaubilder. Es folgte die Erntekrone, die von „Arbeitsmaiden" getragen wurde. Neben den „Arbeitsmaiden" und Goldhaubenträgerinnen waren jedoch auch andere Frauen am Umzug beteiligt. Einige schwangen mit Männern den Dreschflegel oder waren Teil einer bäuerlichen Reitergruppe; andere führten ihr geschmücktes Vieh an einem Strick oder jubelten im Publikum[30]. Besonders gewürdigt wurde ein Festwagen aus der Gemeinde Weilbach, der die „Fruchtbarkeit"

---

[27] Vgl. Franz Kolbrand, Der Grün- und Baumschmuck. Brauchtum, Feiergestaltung und Festschmuck, Berlin 1937, S. 76; Völkischer Beobachter, Münchner Ausgabe, vom 7.10.1935, S. 2.

[28] Vgl. Oberösterreichisches Landesarchiv, Flugblattsammlung 1187, Zum Erntedank 1943 im Gau Oberdonau, Linz 1943, hrsg. von der Gaupropagandaleitung/Landesbauernschaft Oberdonau.

[29] Vgl. Tages-Post vom 4.10.1943.

[30] Vgl. hier und im Folgenden Innviertler Heimatblatt vom 22.10.1943, S. 9, vom 8.10.1943, S. 6 und vom 15.10.1943, S. 6.

inszenierte. Auf ihm war jedoch kein Erntegut zu bestaunen, sondern „eine junge Frau unter einer Birke, umringt von einer Schar fröhlicher Kinder." Auch andere Wagen hoben die weibliche Dimension des Bauerntums hervor: Inszenierte Arbeiten wie das Backen, das Melken, die Flachsverarbeitung, das Spinnen und Weben unterstrichen die idealtypisch konstruierte Geschlechterdifferenz im bäuerlichen Alltag. Während die Frauen im Festzug die traditionellen Grenzen zwischen privat und öffentlich überschritten, reproduzierten sie in einem Prozess des gespielten „doing gender" geschlechterspezifische Rollenbilder und Rollenerwartungen. Die Erntedankfeierlichkeiten bildeten im Bezug auf weibliche Partizipation eine Ausnahme. Frauen wurden hier sowohl auf nationaler als auch auf regionaler Ebene in die Inszenierungen aufgenommen und nicht nur in die passive Rolle des Publikums gedrängt.

5. Schlussbetrachtung

Analysiert man die hohen politischen Feierlichkeiten des Nationalsozialismus in geschlechtergeschichtlicher Perspektive, fällt folgender Zusammenhang auf: Unabhängig von der zeitlichen Dimension und den kriegsbedingten Verschiebungen der Veranstaltungen (weg von der nationalen hin zur regionalen und lokalen Ebene) existiert ein erheblicher Unterschied zwischen den offiziellen Feierlichkeiten des Regimes an zentralen Orten wie München, Bückeberg oder Berlin und den Umsetzungen dieser Feiertage in der Provinz. Frauen, besonders jene der Parteigliederungen, hatten prinzipiell die Möglichkeit, bei den Feierlichkeiten eine aktive Rolle einzunehmen, wurden teilweise sogar dafür mobilisiert. Ihnen kam zumal auf regionaler und lokaler Ebene große Bedeutung zu, da man für die Regime-Inszenierungen (vor allem während des Kriegs) auch die „Volkmasse" benötigte. Generell wurden Staat und Partei jedoch primär durch Männer repräsentiert. Die geschlechtspolitischen Vorgaben des NS-Regimes wurden so idealtypisch reproduziert. Das Fest war eine Arena, in der sich das Spannungsverhältnis zwischen dem politischem Ideal einer wahren „Volksgemeinschaft" und den gelebten gesellschaftlichen Realitäten zeigte[31].

Es erscheint daher zulässig, für die weibliche Partizipation bei politischen Feierlichkeiten des NS-Regimes jene „regressive Moder-

---

[31] Vgl. Christoph Kühberger, Sexualisierter Rausch in der Diktatur? Geschlecht und Masse im italienischen Faschismus und im nationalsozialistischen Deutschland, in: ZfG 51 (2003), S. 912–922, hier S. 918f.

nisierung" auszumachen, die in anderen Zusammenhängen bereits herausgearbeitet wurde[32]. Denn einerseits weitete sich der weibliche Aktionsradius in der Öffentlichkeit aus, die Integration der „deutschen" Frauen in das öffentliche Leben außerhalb des Hauses war sogar erwünscht. Ihr Realeinfluss auf die Politik war jedoch andererseits gering und die ihnen zugewiesenen Rollen blieben traditionell.

---

[32] Vgl. z.B. Ernst Hanisch, Der lange Schatten des Staates. Österreichische Gesellschaftsgeschichte im 20. Jahrhundert, Wien 1994, S. 348ff.

Nicole Kramer
Krieg und Partizipation
„Volksgenossinnen" in den NS-Frauenorganisationen

1. Die politische Rolle von Frauen im nationalsozialistischen Männerstaat

Der NS-Staat inszenierte sich zwar als Männerbund, Frauen spielten jedoch auch nach 1933 eine wichtige Rolle im politischen Leben. Offiziell galt: „Nach nationalsozialistischer Auffassung ist die Frau die gleichwertige Lebenskameradin des Mannes, die berufen ist, am öffentlichen Leben teilzunehmen. Sie wirkt daher auch bei der Wahl der Vertretung des Deutschen Volkes, des Reichstags, als Wählerin mit [...]."[1]

Formal führte das NS-Regime das Wahlrecht der Weimarer Republik weiter, das die Mitwirkung aller Reichsbürgerinnen und Reichsbürger, die mindestens 20 Jahre alt waren, vorsah. Frauen konnten also ebenso wie Männer weiter an den Reichstagswahlen teilnehmen und ihre Stimme für oder gegen die Einheitsliste der NSDAP abgeben[2]. Freilich handelte es sich dabei um eine stark eingeschränkte Form der Partizipation, denn die Artikulation von Opposition war kaum möglich, vielmehr dienten die Urnengänge dazu, die Einheit zwischen „Volk und Führer" zu demonstrieren. Dies betraf jedoch alle, ungeachtet des Geschlechts. Der entscheidende Unterschied lag dagegen in der Tatsache, dass man Frauen in den Schaltstellen von Partei und Staat vergeblich suchte. Die nationalsozialistische Formel der „Gleichwertigkeit" der Geschlechter, die bereits in der Weimarer Republik dem Gleichheitspostulat entgegengesetzt worden war und im Dritten Reich zur Staatsdoktrin erhoben wurde, sah eigene Räume der Partizipation von Frauen vor. Die NS-Frauenschaft (NSF) und das Deutsche Frauenwerk (DFW) stellten – neben der Nationalsozialistischen Volkswohlfahrt (NSV) – die wichtigsten Arenen weiblichen Engagements dar. Millionen von Frauen, vorausgesetzt sie waren „arisch", „erbgesund"

---

[1] Johannes Schunke, Das Recht im Leben der Frauen, Halle 1941, S. 3.
[2] Vgl. Frank Omland, „Du wählst mi nich Hitler!" Reichstagswahlen und Volksabstimmungen in Schleswig-Holstein 1933–1938, Hamburg 2006, S. 43.

und weltanschaulich konform, wirkten hier an der Verwirklichung des Projekts der „Volksgemeinschaft" mit.

Im Zentrum des Beitrags steht die Beteiligung von „Volksgenossinnen" in den NS-Frauenorganisationen während des Zweiten Weltkriegs. Als Teil des riesigen Komplexes der NSDAP, ihrer Gliederungen und angeschlossenen Verbände fiel ihnen die Aufgabe der „Menschenführung" an der „Heimatfront" zu, also die Einbindung der weiblichen Bevölkerung in die Kriegsgesellschaft mit all ihren Notwendigkeiten. Dabei werde ich vor allem auf die Ebene der Kreis- und Ortsfrauenschaften blicken, und damit den Bereich ehrenamtlicher Kriegsarbeit, der bisher wenig erforscht ist, in den Mittelpunkt stellen. Folgende Fragen sollen behandelt werden: In welchem Maße und in welcher Weise beteiligte sich die weibliche Bevölkerung in den nationalsozialistischen Frauenorganisationen? Welche Funktion hatten diese im Herrschaftsgefüge des Dritten Reichs und wie änderte sich diese im Zweiten Weltkrieg? Welche Auswirkungen hatte der Krieg auf die Bedingungen und die Struktur der Mitarbeit in NSF und DFW? Nahmen Frauen ihre Tätigkeit trotz vorenthaltener Gleichberechtigung als politische Aktivität wahr und zogen sie daraus Selbstbestätigung? Inwieweit kann man von politischer Teilhabe sprechen oder ist der Begriff der Mobilisierung nicht doch treffender?

2. Die nationalsozialistischen Frauenorganisationen und die Erfassung der weiblichen Bevölkerung

Das Ideal des „völkischen" Gemeinwesens basierte auf der Komplementarität der Geschlechter, die auch im Bereich der Politik Gültigkeit haben sollte. Auch im nationalsozialistischen Männerstaat wurde den Frauen dieser Vorstellung entsprechend ein genuin weiblicher Beitrag zur Politik zuerkannt. In einer juristischen Abhandlung, die sich mit der Eingliederung der Frau in den NS-Staat beschäftigte, hieß es dazu: „Die Frau muß durch ihren Arbeitsbeitrag das Weibliche in seiner besonderen Gerichtetheit direkt in das öffentliche Leben tragen, damit auch hier eine fruchtbare Spannung durch das Zusammenwirken des männlichen und weiblichen Pols erzeugt werde."[3] Politische Arbeit von Frauen war immer auf das Handeln von Männern bezogen und sollte nie allein für sich stehen. Die NS-Frauenschaft, die im Oktober 1931 gegründet und

---

[3] Elfriede Eggener, Die organische Eingliederung der Frau in den nationalsozialistischen Staat, Diss., Leipzig 1938, S. 37.

1935 in den formalrechtlichen Status einer Gliederung der Partei erhoben worden war, verstand sich dementsprechend als Ergänzung zur männlich dominierten NSDAP. Mit der Einrichtung der Reichsfrauenführung 1934 war eine Stelle geschaffen, die beanspruchte, „alle fraulichen Arbeitsgebiete innerhalb eines Volks zu betreuen und zu lenken"[4]. Unter ihrer Leitung sorgte die NSF für die „Erziehung" von Frauen im Sinne der nationalsozialistischen Idee und die Heranbildung einer weiblichen Führerelite. Das Deutsche Frauenwerk, in dem die Frauenvereine und -verbände der Weimarer Zeit gleichgeschaltet worden waren, richtete sich als betreuter Verband der NSDAP an die Masse. In Kursen und Lehrgängen wurden Haushaltsführung und Kindererziehung sowie rassepolitische Inhalte vermittelt.

NSF und DFW waren untrennbar miteinander verbunden, auch weil sie unter der Leitung der Reichsfrauenführerin Gertrud Scholtz-Klink unter einem Dach zusammenarbeiteten. Die ranghöchste Frau des Dritten Reichs lebte nicht nur das Rollenbild der Mutter, sondern auch das der Funktionärin vor. Scholtz-Klink beanspruchte eine Monopolstellung der Reichsfrauenführung in allen Angelegenheiten, die die weibliche Bevölkerung betrafen. Freilich gehörten viele „Volksgenossinnen" auch anderen Organisationen wie der NSV, der DAF oder dem Reichsluftschutzbund an. Die Reichsfrauenführerin sicherte sich aber auf der Basis von bilateralen Vereinbarungen Mitspracherechte und sogar die Leitung der entsprechenden Frauenabteilungen[5]. Scholtz-Klink war nicht in den Entscheidungszirkeln des NS-Regimes vertreten. Ihre Bedeutung war eine andere: Sie formte NSF und DFW zu einem Transmissionsriemen, der die Verbindung von der politischen Entscheidungsebene zur weiblichen Bevölkerung herstellte. Die Reichsfrauenführung baute sie zu einer Expertengruppe aus, die von der männlichen Führungselite „in allen Fragen, die die Frau betreffen", zu Rate gezogen wurde[6].

Das utopische Ziel, alle Frauen zu erfassen, wurde freilich niemals erreicht; dennoch war der Rekrutierungserfolg enorm. Nach

---

[4] Nationalsozialistische Frauenschaft, Berlin 1937, S. 14.
[5] Vgl. Massimiliano Livi, Gertrud Scholtz-Klink. Die Reichsfrauenführerin. Politische Handlungsräume und Identitätsprobleme der Frauen im Nationalsozialismus am Beispiel der „Führerin aller deutschen Frauen", Münster 2005, S. 89ff.
[6] Antrag auf Weiterführung der Dienststelle Reichsfrauenführung vom 25.7.1940, in: Akten der Partei-Kanzlei der NSDAP, Rekonstruktion eines verlorengegangenen Bestandes, Teil I, Bd. 2, bearb. von Helmut Heiber, München 1983, Regest 24787.

einem Leistungsbericht von 1939 standen etwa zwölf Millionen Frauen unter der Leitung von Gertrud Scholtz-Klink[7]. Das heißt, dass allein die reinen Frauenorganisationen 14 Prozent der „Volksgenossinnen" erfassten, die älter als 20 Jahre alt waren. Diese Zahl sollte sich mit Kriegsbeginn durch eine verstärkte Anwerbung von Neumitgliedern erhöhen. Für einzelne Gaue lassen sich die Erfolge dieser Bemühungen nachweisen: Die Gaufrauenschaftsleitung Mainfranken mit den Städten Würzburg und Aschaffenburg verzeichnete bei Kriegsbeginn etwa 58 500 Mitglieder, 1944 gehörten ihr 71 300 Frauen an. Im Gau Westfalen-Nord stieg die Zahl der Mitglieder zwischen 1938 und Ende 1942 um 72 Prozent von 114 900 auf 198 000; mit anderen Worten: 21 Prozent der erwachsenen Frauen waren in NSF und DFW organisiert, in manchen Kreisen wie Minden und Schaumburg-Lippe sogar über 30 Prozent[8]. NSF und DFW erfassten große Teile der in der NSDAP unterrepräsentierten Frauen und machten sie auf diese Weise für das Regime adressierbar. Sie waren damit wichtige Agenturen zur Transformation der Bevölkerung in eine in und durch die Partei organisierte „Volksgemeinschaft"[9]. Das Netz von lokalen Frauenschaften war bis Kriegsbeginn reichsweit ausgebaut und erfasste selbst die kleinsten Orte. Für die „Menschenführung" an der „Heimatfront" war dies eine wichtige Bedingung.

3. (Selbst-)Mobilisierung für die nationale Kampfgemeinschaft

Als Teil des NS-Parteiapparats wirkten die Frauenorganisationen an der inneren Umgestaltung der „Volks"- in eine Kampfgemeinschaft mit. Die wichtigste Einrichtung an der Basis waren die monat-

---

[7] IfZ-Archiv, MA 130, Bl. 86311ff., Leistungsbericht der NS-Frauenschaft/ Deutsches Frauenwerk und des Frauenamtes der DAF vom 1.3.1939. Die Zahl von 12 Mio. setzte sich folgendermaßen zusammen: NSF 2,3 Mio., DFW 1,8 Mio., Frauenamt der DAF 4,2 Mio. und rund 4 Mio. korporative Mitglieder.
[8] StA Würzburg, NSDAP 1028, Bericht „Die Arbeit der NSF und des DFW im Gau Mainfranken im Kriege", o.D.; StA Detmold, M 15/53, Statistik über Mitgliederbewegung der NSF/DFW im Gau Westfalen-Nord vom 30.9.1942; IfZ-Archiv, MA 130, Bl. 86253ff., Statistischer Jahresbericht 1938 der Reichsfrauenführung.
[9] Hannah Arendt, Elemente und Ursprünge totaler Herrschaft, Frankfurt a.M. 1955, S. 577 bezeichnet diesen Vorgang als „totale Organisation". Vgl. die Interpretation von Armin Nolzen, „Totale Organisation". Die Geschichte der NSDAP im nationalsozialistischen Herrschaftssystem, in: Zeitgeschichte in Hamburg 2004 (2005), S. 64–76.

lichen Gemeinschaftsabende, die in Gaststätten – bevorzugt in solchen von Mitgliedern – oder, soweit vorhanden, in eigenen Räumlichkeiten der Ortsfrauenschaften stattfanden. Die Veranstaltungen dienten hauptsächlich dazu, nationalsozialistische Deutungen des Kriegs an die Frau zu bringen und die weibliche Bevölkerung „in Schwung zu halten"[10]. Wie die Berichte der Frauenschaftsleiterinnen nahelegen, gelang dies anfangs durchaus. Die Ortsgruppenleiterin Hildegard Dyroff in Waldbüttelbrunn, einem Dorf mit 2000 Einwohnern in der Nähe von Würzburg, hielt im September 1939 stolz fest: „Ein von mir eingerufener Gemeinschaftsabend, der unter dem Motto Luftschutz und Zusammentritt der Heimatfront stand, war selten stark besucht. Das zeigt deutlich, wie sehr gerade jetzt unsere Frauen Trost und Hilfe der Gemeinschaft suchen."[11] Die weibliche Bevölkerung nutzte NSF- und DFW-Veranstaltungen nicht nur als „Selbsthilfegruppe", wo sie sich über ihr gemeinsames Schicksal im Krieg austauschen konnte. Überdies zeigten sich viele Frauen höchst einsatzbereit.

In der Struktur der NS-Frauenorganisationen war es neben der Abteilung Volkswirtschaft – Hauswirtschaft vor allem der Hilfsdienst, der sich um kriegsbedingte Aufgaben kümmerte. Wie kaum eine andere Abteilung wurde dieser im Zweiten Weltkrieg ausgebaut[12]. Seine einzelnen Tätigkeitsfelder spiegeln die Hauptproblemlagen an der „Heimatfront" wider. Sie lassen sich in drei Bereiche zusammenfassen:

1. Hilfe für die Front, also Näharbeiten für die Wehrmacht, Lazarettbetreuung oder die Verpflegung von Soldatentransporten.

2. Bewältigung und Abmilderung der Kriegsfolgen an der „Heimatfront": Nachbarschaftshilfe, Erntehilfe, Betreuung von Evakuierten beziehungsweise Umquartierten.

3. Katastropheneinsatz, also die Beseitigung von Luftkriegsschäden und die Soforthilfe für Ausgebombte.

Es zeichnete den Hilfsdienst aus, dass er mit einer Reihe anderer Organisationen wie dem Deutschen Roten Kreuz, dem Reichsluftschutzbund und der NSV eng zusammenarbeitete[13]. Diese koordi-

---

[10] StA Detmold, M 15/52, Bericht der Ortsfrauenschaftsleiterin in Elverdissen über die Ganztagsschulung am 23.2.1944.
[11] StA Würzburg, NSDAP 1066, Stimmungsbericht für September 1939 der NSF-Ortsgruppe Waldbüttelbrunn, Hildegard Dyroff.
[12] StA Würzburg, NSDAP 1028, Bericht „Die Arbeit der NSF und des DFW im Gau Mainfranken im Kriege", o.D.
[13] Bericht der Reichsfrauenführung für die Zeit seit Beginn des Krieges bis 31.12.1939, in: Akten der Partei-Kanzlei, Teil I, Bd. 2, Regest 21799.

nierten die Aufgaben und griffen auf die Frauen der NSF und des DFW als Kräftereservoir zurück.

Der Begriff der „Hilfe" war eine sehr übliche Bezeichnung für die Kriegsarbeit von Frauen, nicht nur in Deutschland. Er war stets auf männliches Handeln bezogen: Die „Hilfe" der Frauen flankierte die „Tat" der Männer. Der Begriff suggerierte zudem, dass die Tätigkeit vorübergehend, aushilfsweise und unprofessionell sei[14]. Dem war aber oft gar nicht so. In sechs Jahren Krieg verfestigten sich die Strukturen des Hilfsdiensts der NSF und des DFW und wurden zu einem wichtigen Bestandteil der Parteiarbeit an der „Heimatfront". Die Reichsfrauenführung war sich dessen bewusst und verstand es, Umfang und Bedeutung ihrer geleisteten Arbeit nach außen sichtbar zu machen. Mit detaillierten Aufstellungen versuchte sie, ihre Leistungsfähigkeit unter Beweis zu stellen[15]. Zudem priesen Frauenschaftsleiterinnen den Tatendrang „ihrer" Frauen. In einem Bericht aus Neuendorf im Gau Mainfranken hieß es 1940: „Es geht ein Zug der Entschlossenheit durch die Reihen der Frauen, sie kommen mir stiller, stolzer und gefestigter vor wie sonst, sie scheinen alles Unangenehme gerne ertragen zu wollen und scheuen keine Opfer."[16]

Freilich waren diese Berichte einer Rhetorik des Erfolgs verpflichtet. Frauenschaftsleiterinnen von der Reichsspitze bis hinunter zur Blockebene hatten ein Interesse daran, die Bedeutung ihrer Arbeit im Krieg und die Einsatzbereitschaft der Frauen möglichst stark herauszustellen. Bisweilen führte dies sicherlich auch zu übertriebenen Darstellungen in den Berichten. Allerdings stimmten auch männliche Amtsträger Loblieder auf die Arbeit der Frauenorganisationen und die Selbstmobilisierung vieler Frauen an. So schrieb der Kreisleiter von Schlüchtern (Gau Hessen-Nassau) beispielsweise im Februar 1944:

„Die ungeheuere und durchschlagkräftige Arbeit, die z.Zt. von der NS-Frauenschaft geleistet wird, muss wieder einmal herausgestellt werden. [...] Was alles an Arbeit, Vorsorge, Hilfsbereit-

---

[14] Vgl. Franka Maubach, Expansionen weiblicher Hilfe. Zur Erfahrungsgeschichte von Frauen im Kriegsdienst, in: Sybille Steinbacher (Hrsg.), Volksgenossinnen. Frauen in der NS-Volksgemeinschaft, Göttingen 2007, S. 93–111, hier S. 94ff.
[15] StA Detmold, M 15/48, Statistischer Bericht der Abteilung Hilfsdienst für den Kreis Herford, Dezember 1942; Bericht der Reichsfrauenführung für die Zeit seit Beginn des Krieges bis 31.12.1939, in: Akten der Partei-Kanzlei, Teil I, Bd. 2, Regest 21799.
[16] StA Würzburg, NSDAP 1028, Bericht der Zelle Neuendorf, gez. Grete Kirchner, 1940.

schaft, wirklicher Nächstenliebe und auf allen sonstigen, überhaupt denkbaren Gebieten des Lebens unseres Volkes von Seiten der NS-Frauenschaft geleistet wird, ist in Worten überhaupt nicht auszudrücken.

Hierzu kommt noch die tragende Kraft so vieler Frauen bei der Durchführung unserer Weltanschauung. Auf diesem ausschlaggebenden Gebiet kämen wir ohne die Arbeit der Frauen und ohne ihre rückhaltlose Hilfe wohl nie zum Ziel."[17]

Funktionäre sowie Funktionärinnen sahen die Frauen oft auch als Stabilisatoren der Stimmung an der „Heimatfront". Doch nicht alle männlichen Amtsträger schätzen die Arbeit ihrer Parteigenossinnen. Manche fürchteten die weibliche Konkurrenz und versuchten, die Arbeit der NSF einzuschränken. Im Gau Westfalen-Nord gab es sowohl von einzelnen Ortsgruppenleitern als auch auf Kreisebene Beschwerden, dass Veranstaltungen der NSF Frauen davon abhielten, Schulungen und Sprechabende der NSDAP zu besuchen. Der Schulungsleiter des Kreises Borken-Bocholt setzte sich aus diesem Grund im Juni 1943 mit großem Eifer dafür ein, die Zellensprechabende der NSF verbieten zu lassen[18]. Indirekt bestätigte die Angst mancher NSDAP-Amtsträger Reichweite und Erfolg der nationalsozialistischen Frauenarbeit.

Trotz massiver Bemühungen ließen sich freilich nicht alle Frauen begeistern. Austritte, Amtsenthebungen aufgrund von Nachlässigkeit und ständige Klagen über die Schwierigkeiten der Nachwuchswerbung zeigten die Grenzen der Reichweite von NSF und DFW auf[19]. Es gab auch Fälle offener Ablehnung wie im unterfränkischen Waldbüttelbrunn, wo eine Frau ihre NSF-Mitgliedschaft kündigte, weil sie „für den ganzen Kram" kein Interesse mehr habe[20]. Die zuständige Frauenschaftsleiterin meldete dies umgehend dem Ortsgruppenleiter und schlug vor, den Ehemann, einen Zellenleiter der NSDAP, vorladen zu lassen. Bemerkenswert ist bei diesem Vorfall,

---

[17] IfZ-Archiv, MA 130, Kreisleiter Kreis Schlüchtern, Gau Hessen-Nassau, an Stabsamt des Gauleiters, 16.2.1944.
[18] StA Münster, Gauleitung Westfalen-Nord Gauschulungsamt 42, Kreisschulungsamt Borken-Bocholt an Gauschulungsamt Westfalen-Nord vom 14.6.1943.
[19] Bericht der Reichsfrauenführung für die Zeit seit Beginn des Krieges bis 31.12.1939, in: Akten der Partei-Kanzlei, Teil I, Bd. 2, Regest 21799; StA Detmold, M 15/48, Arbeitsbericht der Abteilung Hilfsdienst, NS-Frauenschaft, Kreis Herford, April 1944.
[20] StA Würzburg, NSDAP 1066, Tätigkeitsbericht der NSF-Ortsfrauenschaftsleitung Waldbüttelbrunn vom 28.11.1940. Ob der Ehemann tatsächlich vorgeladen wurde oder ob andere Konsequenzen folgten, ist nicht dokumentiert.

dass der Ehemann für das Verhalten seiner Frau zur Verantwortung gezogen werden sollte.

4. Der Krieg und die kleine Macht der Frauen

Die NS-Frauenorganisationen boten nicht nur eine Möglichkeit der indirekten Mitwirkung von „Volksgenossinnen" am Krieg, sondern forderten diese sogar ein. Dennoch bleibt die Frage offen, inwieweit die Betätigung in den NS-Frauenorganisationen als politisch bezeichnet werden kann. Ein Großteil der Tätigkeiten stand im engen Zusammenhang mit der Lebenswelt von Frauen, richtete sich also auf die Bereiche Haushalt, Erziehung und Fürsorge. Daran sollte sich im Krieg nichts ändern. Im Gegenteil: Der Krieg war ein staatliches Unternehmen, seine Folgen griffen in das Privatleben jedes Einzelnen ein und wurden vornehmlich individuell bewältigt. NSF und DFW machten sich persönliche Betroffenheiten zu Nutze, um Frauen für ihre Arbeit zu rekrutieren. Kriegshinterbliebene, Evakuierte und vor allem Soldatenfrauen waren wichtige Zielgruppen, die für die Mitarbeit in den NS-Organisationen animiert werden sollten[21]. Solche Mobilisierungsbemühungen waren insbesondere dann erfolgreich, wenn es Aufgaben zu erfüllen galt, die der Wehrmacht dienten, nicht zuletzt deshalb, weil die meisten Frauen Ehemänner, Väter oder Brüder hatten, die unter Waffen standen. Die kriegswichtigen Hilfsdienste hatten somit eine individuelle Fundierung, so dass das Aufgabenfeld der Frauenorganisationen weiterhin in Einklang mit der Lebenswelt der weiblichen Bevölkerung stand[22].

Viele der Veranstaltungen von Frauenschaftsgruppen vor Ort wirkten alles andere als politisch, vor allem die monatlich stattfindenden Gemeinschaftsabende glichen bisweilen eher einem Kaffeekränzchen. Das Beispiel des unterfränkischen Dorfs Stockheim, wo sich an zwei Abenden im Januar 1943 etwa 25 Frauen trafen, vermittelt einen lebendigen Eindruck davon: eine der Anwesenden spendete Tee, einige andere brachten Gebäck mit, und gemeinsam machten sie sich, begleitet von Klaviermusik, an die Handarbeit. Die Socken, die sie stopften, waren für die Wehrmacht bestimmt[23]. Ob

---

[21] BA Berlin, NS 44/103, Bericht über Hinterbliebenenbetreuung der Gaufrauenschaftsleitung Mark Brandenburg an Reichsfrauenführung vom 15.11.1940.
[22] Vgl. „Frauen helfen siegen". Bilddokumente vom Kriegseinsatz unserer Frauen und Mütter, Berlin 1941.
[23] StA Würzburg, NSDAP 1059, Monatsbericht der Ortsgruppe der NSF und DFW Stockheim, Januar 1943.

und inwiefern die Stockheimerinnen ihr Handeln als politisch interpretierten, muss offen bleiben. Das NS-Regime hingegen propagierte Tätigkeiten wie Näharbeiten für die Wehrmacht, Kochen für Evakuierte oder Einkaufen für werktätige Frauen als Beitrag zur Kriegführung, was diesen Aktivitäten eine politische Dimension verlieh. Der NS-Staat sah darin ein probates Mittel zur Mobilisierung der weiblichen Bevölkerung, der er dadurch suggerierte, aktiv am Krieg teilzuhaben und Deutschland zum Sieg zu verhelfen.

Wie war dieses Teilhabeangebot zu verstehen? „Opferwille", „Dienst" und „Pflicht" sind Begriffe, die die Reichsfrauenführerin ebenso oft wie lokale Frauenschaftsfunktionärinnen verwendete, um ihren Kriegsbeitrag zu charakterisieren. Sie beschworen keine laute Kriegsbegeisterung, sondern vielmehr ein stilles Pflichtgefühl gegenüber dem Vaterland. Nach den Erfahrungen des Ersten Weltkriegs, die für einen Großteil der Bevölkerung prägend waren, verwundert es nicht, dass kein Jubel über eine neue militärische Auseinandersetzung aufkommen wollte. Von einer breiten Ablehnung war aber auch nichts zu spüren.

Der Erste Weltkrieg als Großereignis, das sich tief in die Erinnerung der Bevölkerung eingebrannt hatte, diente generell als Hintergrundfolie für den Einsatz der Frauen zwischen 1939 und 1945. Die Mehrzahl der Mitglieder und Funktionärinnen von NSF und DFW gehörte den Alterskohorten der zwischen 1890 und 1910 Geborenen an, die die Härten des Kriegs, die Niederlage und die Revolution 1918 erlebt hatten[24]. In dieser Erlebnisstruktur sahen die NS-Frauenorganisationen den Ursprung ihrer politischen Tätigkeit begründet. Sie schrieben in das herrschende „Dolchstoßnarrativ" damit nicht nur eine explizit weibliche Erzählung ein, sondern stilisierten sich als weibliche „Heimatfrontgeneration". Diese sei im Ersten Weltkrieg in die Opposition getrieben worden, weil der Staat ihr keine Beachtung geschenkt, sondern nur die Schützengräben im Blick gehabt habe. 1939 seien die Frauen nun endlich in eine nationale Kampfgemeinschaft eingebunden worden[25]. In den Texten spiegelt sich eine gefasste Bereitschaft wider, dem Krieg an der „Heimatfront" zu begegnen, um dessen Härten man wusste und in

---

[24] Vgl. z.B. StA Würzburg, NSDAP 1009, Liste der NSF-Mitglieder der Ortsgruppe Marktheidenfeld vom 23.9.1942; vgl. auch Christine Arbogast, Herrschaftsinstanzen der württembergischen NSDAP. Funktion, Sozialprofil und Lebenswege einer regionalen Elite 1920–1960, München 1998, S. 149f.
[25] Vgl. Ruth Hildebrand, Frauenaufgaben im Krieg. Was die deutsche Frau heute wissen muß, Berlin 1939, S. 3 und 7.

dem man sich bewähren wollte. Diese Deutung findet sich nicht nur auf der Ebene der Reichsfrauenführung, sondern auch in den Berichten und Korrespondenzen der lokalen NS-Frauenschaftsführerinnen. Die Tätigkeiten im Krieg deuteten sie als „Einmischung in zeitgemäße Fragen" oder explizit als „politische Aufgabe"[26].

Die Begriffe „Dienst" und „Pflicht" verweisen darauf, dass es bei der Teilhabe im Krieg im Wesentlichen um die Ausführung politischer Vorgaben ging. An der Schnittstelle zwischen Vorgabe und Umsetzung konnten die Frauen im Rahmen von NSF und DFW ihren Einfluss auf den Alltag der Kriegsgesellschaft geltend machen, und zwar in dreifacher Weise:

1. Sie entschieden situativ darüber, welche Personen von der „Volksgemeinschaft" profitierten, also wem Hilfeleistungen zugestanden und wem sie verweigert wurden.

2. Sie handelten als Hüterinnen der rassisch-weltanschaulichen Gesellschaftsordnung vor Ort und bekämpften abweichendes Verhalten, zum Beispiel durch Anzeige bei der Gestapo oder höheren Parteistellen.

3. Sie kümmerten sich um die Beseitigung von Missständen und Dysfunktionalitäten im Kriegsalltag, zum Beispiel bei der Lebensmittelverteilung.

Die von nationalsozialistischen Frauen ausgeübte Gestaltungsmacht wirkte wie eine Stellschraube, die die Umsetzung von politischen Vorgaben regelte. Sie war temporär und ihr Radius begrenzt. Sie bestimmte weniger die Norm der „Volksgemeinschaft" als ihren Alltag. Die Reichweite der einzelnen Aktivitäten der organisierten Frauen mag klein gewesen sein, dennoch waren sie Teil der Herrschaftspraxis im Nationalsozialismus, deren Parameter jedoch von der männlichen Führungsspitze vorgegeben waren.

5. Fazit

Das Engagement in den Frauenorganisationen lässt sich als ehrenamtliche Arbeit im Dienst des NS-Staats beschreiben[27]. Die Teilhabemöglichkeiten, die sich dabei boten, waren systemimmanent, das heißt, es ging nicht darum, Grenzen, die das NS-Regime setzte, zu

---

[26] StA Detmold, M 15/52, Bericht der Ortsfrauenschaftsleiterin in Elverdissen über die Ganztagsschulung am 23.2.1944.
[27] Vgl. Peter Nitschke, Freiwilligenarbeit, Ehrenamt und bürgerschaftliches Engagement, in: Susanne Dungs u.a. (Hrsg.), Soziale Arbeit und Ethik im 21.Jahrhundert, Leipzig 2006, S.613–623, hier S.621.

überwinden, sondern im Rahmen dieser Grenzen zu agieren. Die Mitwirkung in NSF und DFW war Ergebnis der Mobilisierungsbemühungen von oben, entsprang aber ebenso einem Partizipationsbegehren der Akteurinnen. Die NS-Organisationen stellten vielfältige Ermöglichungsstrukturen dafür bereit: Für das Gros der Mitglieder bedeuteten die Veranstaltungen von NSF und DFW eine Erweiterung ihrer sozialen Kontakte. Soldatenfrauen ohne Verpflichtungen für Kinder oder ältere Angehörige suchten Nähstuben und Gemeinschaftsabende der NSF und des DFW weit mehr auf als solche, deren Ehemänner weiterhin zu Hause waren.[28] Für einige der Amtsträgerinnen lässt sich nachweisen, dass sie andere Motive bewegten: innerhalb der NS-Frauenorganisationen eröffnete sich ihnen eine Gelegenheit, Gestaltungsmacht auszuüben und Selbstbestätigung zu finden. Bisweilen zogen sie auch materielle Vorteile daraus, zum Beispiel wenn ihre ehrenamtliche Tätigkeit Vorteile bei der Bewerbung um bezahlte Posten in der NSF oder dem DFW eröffnete. Überspitzt ließe sich die These vertreten, dass sich der weiblichen Bevölkerung im Rahmen der NSF und des DFW mehr Partizipationsräume erschlossen als je zuvor[29]. Damit wurde sie aber gleichzeitig in die Pflicht für staatliche Ziele wie etwa die Fortführung des Kriegs genommen. Dieser war durch die Einbindung der „Volksgenossen" und „Volksgenossinnen" nicht nur ein staatliches Unternehmen, sondern ein Projekt der gesamten „Volksgemeinschaft" und stärkte deren Kohäsionskräfte.

Zu klären wäre, welche Folgen die Partizipationserfahrung im Zweiten Weltkrieg für die Geschichte von Frauen nach 1945 hatte. Ein Gedanke sei hier kurz angedeutet: Nicht alle Frauen zogen sich nach dem Ende des „Dritten Reichs" in die Privatheit der Familie zurück. Einige forderten lautstark politische Beteiligung ein und beriefen sich dabei nicht nur auf die Weimarer Jahre, sondern auf ihre Leistungen im Zweiten Weltkrieg. Sie hätten bewiesen, dass sie männliche Aufgaben erfüllen könnten, und für eine gewaltfreie Zukunft sei es notwendig, das „Zeitalter der Frau" einzuläuten, in dem die weibliche Bevölkerung als Garant des Friedens regieren solle[30]. Ob und inwieweit dieses gestärkte Selbstbewusstsein auch eine Spätfolge der NS-Propaganda über die „Heimatfront

---

[28] StA Detmold, M 15/94, Bericht „Der Dank der Heimat" vom 15.1.1942.
[29] Diese These vertritt Anette Michel, „Führerinnen" im Dritten Reich. Die Gaufrauenschaftsleiterinnen der NSDAP, in: Steinbacher (Hrsg.), Volksgenossinnen, S. 115–137, hier S. 137.
[30] Maria Pfeffer, Frauenrecht – Frauenpflicht, in: Der Regenbogen 2 (1946) H. 1, S. 3.

der Frauen" war, kann hier nur vermutet werden. Die Berufung auf die Leistung von Frauen im Zweiten Weltkrieg wurde jedenfalls rund 30 Jahre später wieder aktualisiert und zwar im Rahmen der Zweiten Frauenbewegung. Bei der Suche nach historischen Vorbildern boten sich die Frauen der „Heimatfront" an. Dass viele von ihnen den NS-Frauenorganisationen angehört hatten, wurde allerdings geflissentlich ignoriert.

Beate von Miquel
Aufbruch in die Demokratie
Politische Partizipation in evangelischen Frauenverbänden nach 1945

1. Einführung

Frauen stellten nach Ende des Zweiten Weltkriegs die größte Gruppe der wahlberechtigten Bevölkerung. Es überrascht daher kaum, dass ihre politische Orientierung bereits in der frühen Bundesrepublik das wissenschaftliche Interesse auf sich zog. Dabei richtete sich die Aufmerksamkeit der Forschung insbesondere auf die konfessionellen Frauenverbände, denen im Vorfeld der Parteien eine wichtige Brückenfunktion für die politische Meinungsbildung der Wählerinnen und der Rekrutierung von Kandidatinnen zugeschrieben wurde[1]. Zuletzt hat der Historiker Frank Bösch in seiner Arbeit über den Aufstieg der CDU den Frauen attestiert, sie seien „über eine enge Symbiose mit den konfessionellen Frauenverbänden an die Partei angebunden worden"[2]. Im Folgenden soll die geläufige These von der selbstverständlichen Beteiligung der evangelischen Frauenverbände am politischen Leben auf ihre historische Substanz überprüft werden. Wer verbarg sich überhaupt hinter den politisch aktiven konfessionellen Frauenorganisationen, die nach 1945 immerhin 43 Verbände umfassten? Wie entwickelte sich deren politische Partizipation bis in die 1970er Jahre und wie gestaltete sich ihr Verhältnis zu den Parteien?

2. Erfahrungsbildung in der Weimarer Republik

Seit Einführung des Frauenwahlrechts im Jahr 1918 erweiterten die konfessionellen Frauenverbände ihre traditionellen religiösen und caritativen Aufgabenfelder um intensive politische Aktivitäten. Im evangelischen Raum galt dies insbesondere für die beiden mitgliederstärksten evangelischen Frauenverbände, den Deutsch-

---

[1] Vgl. Gabriele Bremme, Die politische Rolle der Frau in Deutschland, Göttingen 1956, S. 92f.
[2] Frank Bösch, Die Adenauer-CDU. Gründung, Aufstieg und Krise einer Volkspartei 1945–1969, Stuttgart u.a. 2001, S. 301.

Evangelischen Frauenbund (DEF) und die Evangelische Frauenhilfe (EFH). Im 1899 gegründeten DEF, der sich als einzige evangelische Frauenorganisation zu den Forderungen der bürgerlichen Frauenbewegung bekannte, gehörte die politische Bildungsarbeit zu den primären Vereinszielen. Um zur politischen Meinungsbildung seiner überwiegend akademisch gebildeten, bürgerlichen Klientel beizutragen, veranstaltete der Frauenbund an seinem Sitz in Hannover unter anderem politische Schulungen und Rednerinnen-Seminare. Anders als im DEF spielte die politische Bildungsarbeit im größten evangelischen Frauenverband in Deutschland, der 1899 gegründeten Evangelischen Frauenhilfe, keine vorrangige Rolle. Hier beförderten jedoch die evangelischen Pfarrer, denen traditionell sämtliche Leitungspositionen vorbehalten waren, die politische Meinungsbildung der meist aus kleinbürgerlichen Schichten stammenden Mitglieder[3].

Ihre politische Heimat fanden die evangelischen Frauenverbände in den Weimarer Jahren zumeist in der Deutsch-Nationalen Volkspartei (DNVP), deren nationalkonservative, monarchistische und antisemitische Programmatik den Verbänden die erhoffte Bewahrung christlicher Werte versprach. Führende Verbandsvertreterinnen beteiligten sich daher an der Gründung lokaler DNVP-Gruppen und durchliefen beachtliche Parteikarrieren. Paula Mueller-Otfried (1865–1946), Mitbegründerin des DEF, vertrat seit 1920 die DNVP im Reichstag. Magdalene von Tiling (1877–1974), die sich seit 1906 im Vorstand des Verbands evangelischer Religionslehrerinnen engagierte und 1923 Vorsitzende der Vereinigung Evangelischer Frauenverbände wurde, zog 1921 für die DNVP in den Preußischen Landtag ein. Neun Jahre später errang sie ein Reichstagsmandat. Beide stiegen zu Mitgliedern des Reichsfrauenausschusses der DNVP auf, von Tiling wurde zudem als Mitglied in das Präsidium des Evangelischen Reichsausschusses der Partei berufen; sie zeigte sich gegen Ende der Weimarer Jahre für einen Anschluss der DNVP an die NSDAP aufgeschlossen[4].

---

[3] Vgl. Andrea Süchting-Hänger, Das „Gewissen der Nation". Nationales Engagement und politisches Handeln konservativer Frauenorganisationen 1900 bis 1937, Düsseldorf 2002, S. 38–42.

[4] Vgl. Gury Schneider-Ludorff, Magdalene von Tiling. Ordnungstheologie und Geschlechterbeziehungen. Ein Beitrag zum Gesellschaftsverständnis des Protestantismus in der Weimarer Republik, Göttingen 2001, S. 38–43.

3. Demokratischer Neuanfang

Nach Ende des NS-Regimes konnten die evangelischen Frauenverbände an diese politische Tradition nicht wieder anknüpfen, da die Alliierten deutschnationale Parteigründungen verboten[5]. Überdies nahmen die früheren Spitzenfunktionärinnen der evangelischen Frauenverbände 1945 ihr parteipolitisches Engagement nicht wieder auf: Mueller-Otfried starb im Januar 1946, von Tiling konzentrierte sich seit Kriegsende auf ihre theologischen und pädagogischen Arbeiten. Angesichts der offensichtlichen Notwendigkeit einer personellen und inhaltlichen Neuausrichtung der politischen Arbeit stellte sich die Aufbruchsstimmung, die seit Kriegsende viele andere Frauenorganisationen erfasste, in den evangelischen Verbänden nicht ein. Dies lag nicht zuletzt an den im Protestantismus verbreiteten antidemokratischen Affekten, die das Interesse der evangelischen Frauenverbände an eigener politischer Partizipation nach 1945 erst einmal sinken ließen[6]. Politische Fragen schienen den evangelischen Frauen weithin als etwas „Undefinierbares" oder „Rätselhaftes". Solche Stereotype konnten auch mit dem Hinweis auf den wichtigen Beitrag der Frauen zum „Wohl der Familie und des Volkes" nicht entkräftet werden[7]. Darüber hinaus kultivierten die Frauenorganisationen in den ersten Nachkriegsjahren eine grundsätzlich skeptische Haltung gegenüber dem Parteiensystem, von der auch die neu gegründete CDU, die sich als christlich fundierte interkonfessionelle Sammlungspartei zu profilieren suchte, zunächst nicht ausgenommen war.

Diese Reserve stand in eigentümlichem Gegensatz zum politischen Aktionismus, den die evangelischen Frauenverbände noch zu Beginn der Weimarer Jahre an den Tag gelegt hatten. Indes versuchten nach Ende des Zweiten Weltkriegs die von den Alliierten neu zugelassenen Parteien die entstandene Lücke zu schließen. Auf der Suche nach Wählerinnen gingen insbesondere CDU, SPD und FDP früh auf die evangelischen Frauenorganisationen zu. Nachdem die im Protestantismus verbreiteten Bedenken über die Bedeutung des christlichen Elements in der CDU weitgehend ausgeräumt waren, hatten die Christdemokraten in den strukturell

---

[5] Vgl. Michael Klein, Westdeutscher Protestantismus und politische Parteien. Anti-Parteien-Mentalität und parteipolitisches Engagement von 1945 bis 1963, Tübingen 2005, S. 90.
[6] Vgl. Ingeborg Geisendörfer, Das Ja zum Staat, in: Neue Evangelische Frauenzeitung 4 (1957), S. 6. Klein, Protestantismus, S. 102 und S. 447.
[7] A. L. Vitzthum, Bundestagswahlen – eine Angelegenheit der Frauen?, in: Mitteilungen des DEF 1 (1953), S. 2.

konservativ ausgerichteten evangelischen Frauenverbänden schließlich großen Erfolg. Sie warben unter den organisationserfahrenen Verbandsfrauen Mitglieder, Multiplikatorinnen oder politisch zuverlässige Mitarbeiterinnen an und suchten auf diese Weise bis Ende der 1960er Jahre ihre Wahlerfolge in der weiblichen Wählerschaft abzusichern[8].

Motiviert durch die intensiven Werbemaßnahmen der Parteien konnte die Tradition politisch-parlamentarischen Engagements der evangelischen Frauenverbände letztlich wieder aufgenommen werden. Auffällig ist, dass in die ersten parlamentarischen Vertretungen auf Kommunal-, Landes- und Bundesebene vermehrt Mitglieder der Frauenhilfe einzogen und der Deutsche Evangelische Frauenbund seinen parlamentarischen Alleinvertretungsanspruch – den er in den Weimarer Jahren gegenüber der Frauenhilfe vehement verteidigt hatte – einbüßte. So eröffnete die aus den nationalprotestantischen Hypotheken resultierende politische Orientierungsphase des DEF letztlich neue Partizipationschancen für mitgliederstarke Verbände wie die Frauenhilfe. Schlüsselt man etwa die Mandatsträgerinnen des deutschen Bundestags nach Verbandszugehörigkeit auf, so lassen sich mindestens vier Abgeordnete ermitteln, die zwischen 1949 und 1957 in das Bonner Parlament einzogen und ihre primäre politische Sozialisation in der Frauenhilfe erfahren hatten: Julie Rösch (1902–1984), Emmi Welter (1887–1971), Margarete Engländer (*1895) sowie Viktoria Steinbiss (1892–1971) (alle CDU). Aus den Reihen des DEF kamen Elisabeth Schwarzhaupt (1901–1986; CDU) und ab 1961 Liselotte Funcke (*1918; FDP)[9].

Die genauen Motive für das neue politische Interesse der Frauenhilfe-Vertreterinnen sind unklar, doch scheint sich – vermutlich unter dem Eindruck des Kirchenkampfs und der anhaltenden Auseinandersetzungen um den Erhalt der caritativen Einrichtungen während der NS-Zeit – ein Perspektivwechsel in der Frage der Akzeptanz politischen Engagements von Frauen ergeben zu haben. So ist es sicherlich kein Zufall, dass die ersten Bundestagsabgeordneten jenen regionalen Verbänden entstammten, die zwischen 1933 und 1945 im Brennpunkt kirchenpolitischer Auseinandersetzungen gestanden und so zu einem erhöhten politischen Selbstbewusstsein

---

[8] Beispiele etwa für Württemberg finden sich im LKA Stuttgart, K 6, Nr. 195.
[9] Vgl. Wissenschaftliche Dienste des Deutschen Bundestages (Hrsg.), Parlamentarierinnen im Deutschen Bundestag 1949–1993, Bonn 1993.

gefunden hatten: Rheinland und Westfalen[10]. Überdies besaßen angesichts der enormen gesellschaftlichen Aufwertung der Hausfrau und Mutter in der Nachkriegszeit nun auch die klassischen Themen der Frauenhilfe, darunter die Müttergenesungsarbeit, die Gestaltung der Mütterschulungsarbeit, Verbraucherfragen, die Förderung der Mädchenbildung, kulturpolitische Fragen oder die Integration der Vertriebenen in die bundesrepublikanische Gesellschaft im politischen Tagesgeschäft eine erhöhte Relevanz. Ihre langjährigen Erfahrungen auf diesen Arbeitsfeldern und die durch das Subsidiaritätsprinzip fundierte duale Struktur des Sozialstaats ließen die Frauenhilfe seit den 1950er Jahren schließlich zu einem begehrten Projektpartner im Bereich der Sozial- und Familienpolitik aufsteigen[11].

Darüber hinaus bemühte sich der Dachverband sämtlicher evangelischer Frauenverbände, die Evangelische Frauenarbeit in Deutschland (EFD), seit 1949 intensiv darum, die evangelischen Parlamentarierinnen optimal zu unterstützen und einschlägige Gesetzesvorhaben auf Bundesebene aktiv mitzugestalten. Dass das zu diesem Zweck ins Leben gerufene Gremium, der so genannte Rechtsausschuss, nun nicht mehr – wie noch in den Weimarer Jahren – beim DEF angesiedelt wurde, manifestierte den Einflussverlust des Verbands weiter. Auch wenn die Initiatorin des Ausschusses, die Frankfurter Oberkirchenrätin Elisabeth Schwarzhaupt[12], die Neuansiedlung stets formal damit begründete, nur ein Dachverband könne die Interessen der verschiedenen evangelischen Verbände in den politischen Gremien sinnvoll vertreten, war offensichtlich, dass beim Zuschnitt des Rechtsausschusses neue politische Leitbilder im Vordergrund standen. Dazu zählte insbesondere die Kommission zur „Zusammenarbeit von Mann und Frau in Kirche und Gesellschaft", die 1948 auf der Ersten Vollversammlung des Ökumenischen Rats der Kirchen in Amsterdam ins Leben gerufen worden war und in den protestantischen

---

[10] Vgl. Reinhard Schmeer, Volkskirchliche Hoffnungen und der Aufbau der Union. Evangelische Kirche und Union in den ersten Nachkriegsjahren, Köln 2001, S. 249 und S. 256ff.
[11] Vgl. Beate von Miquel, Jenseits von Kindern, Küche, Kirche. Das familienpolitische Handeln der Evangelischen Frauenhilfe in Westfalen in den sechziger und siebziger Jahren, in: Bernd Hey/Volker Wittmütz (Hrsg.), 1968 und die Kirchen, Bielefeld 2008, S. 167-184.
[12] Vgl. Hessische Landesregierung (Hrsg.), Elisabeth Schwarzhaupt (1901–1986). Portrait einer streitbaren Politikerin und Christin, Freiburg i.Br. 2001, S. 73f.

Kirchen zu einer erhöhten Sensibilität für die gesellschaftliche Rolle der Frau führte[13].

Schwarzhaupt, die der ökumenischen Kommission selbst angehörte, formte in deren Windschatten den Rechtsausschuss der EFD zu einer Art Think-Tank für die Modernisierung der Familien- und Frauenpolitik. Das aus sieben Juristinnen und Theologinnen bestehende Gremium erarbeitete zahlreiche juristische Stellungnahmen und Gutachten zu Gesetzesreformen im Bereich des Ehe- und Familienrechts, des Adoptionsrechts, des Gesundheitswesens, der Gleichberechtigung der Frau in der Arbeitswelt, der Strafrechtsreform sowie des Paragrafen 218. Während die Gutachten besonders im politischen Raum bis in die 1970er Jahre auf breite Akzeptanz stießen – hier wirkte sicherlich auch Schwarzhaupts politische Karriere als Bundestagsabgeordnete und erste Bundesministerin unterstützend –, trafen sie in der Amtskirche meist auf nur geringe Resonanz.

4. Politische Bildungsarbeit der evangelischen Frauenverbände

Welche Herausforderung es allerdings nach Ende des Zweiten Weltkriegs bedeutete, nicht nur vereinzelt Funktionärinnen, sondern auch einfache Mitglieder evangelischer Frauenorganisationen zu politischem Engagement zu bewegen, zeigten die permanenten Klagen über das unzureichende politische Interesse der evangelischen Frauen[14]. Mit Blick auf die katholischen Frauenorganisationen kam die niedersächsische Bundestagsabgeordnete Else Brökelschen (CDU) 1952 zu einer ernüchternden Bilanz:

„Die politische Urteilslosigkeit ist bei den evangelischen Frauen viel weiter verbreitet als bei den katholischen [...]. In den katholischen Verbänden beraten die Frauen bis hinunter in die Ortsgruppen die wichtigen Gesetzentwürfe und erarbeiten Entschließungen und Stellungnahmen von ihrer katholischen Grundauffassung her. All das steckt bei uns noch in den Anfängen."[15]

---

[13] Vgl. Kathleen Bliss, Frauen in den Kirchen der Welt, Nürnberg 1954, S. 7.
[14] AddF, DEF, K-16, A 2 a II, Hildegard Ellenbeck: Bericht über die Zeit vom 18.10.1952–26.1.1953; Emmi Welter, Ausblick auf das Jahr 1962, in: Neue Evangelische Frauenzeitung 1 (1962), S. 10.
[15] Else Brökelschen, Staatsbürgerliche Verantwortung, in: Mitteilungen des DEF 1 (1952), o. S. Vgl. auch das druckfertige Aufsatzmanuskript von Andreas Henkelmann, „Die christlichen Frauen müssten jetzt ihre Aufgabe im politischen Leben erkennen." Konfession, politische Partizipation und Geschlecht am Beispiel des Katholischen Deutschen Frauenbundes in Münster.

Die harsche Kritik der Abgeordneten war durchaus berechtigt. Tatsächlich waren in den evangelischen Frauenverbänden die bis zum Beginn des Zweiten Weltkriegs angebotenen staatsbürgerlichen Schulungs- oder „Vorständetagungen" nach 1945 nicht wieder aufgenommen worden – obgleich die Alliierten die Arbeit der evangelischen Frauenverbände mit großem Wohlwollen betrachteten, eine intensive politische Beteiligung von Frauen anstrebten und daher allen wieder zugelassenen Organisationen finanzielle Mittel für politische Bildungsarbeit zur Verfügung stellten[16]. Aller materiellen und ideellen Unterstützung zum Trotz beschränkten sich die evangelischen Frauenverbände auf Aufrufe, in denen sie ihre Mitglieder ermahnten, etwa bei Bundestagswahlen ihrer „staatsbürgerlichen Pflicht" nachzukommen und auf diese Weise am politischen Leben zu partizipieren[17].

Erst 1952 nahm der DEF – unter massivem Druck evangelischer Parlamentarierinnen – die staatsbürgerliche Lehrgangsarbeit an seinem Sitz in Hannover sowie in einzelnen Landesverbänden in enger Kooperation mit den evangelischen Akademien wieder auf. Die neu installierte Bildungsarbeit zielte in einem ersten Schritt darauf, politische Diskussionen in den eigenen Reihen zu fördern. Seit Mitte der 1950er Jahre formulierte der Verband darüber hinaus als zentrales Ziel seiner Schulungsarbeit, Frauen auf die Übernahme von politischen Mandaten oder Ämtern in Kirche, Parteien und Verbänden vorzubereiten[18].

Dies entsprach im Wesentlichen der Intention der staatsbürgerlichen Schulungsarbeit des DEF aus den Weimarer Jahren. Im Unterschied dazu öffnete der Verband seine Schulungsarbeit nun aber prinzipiell für alle politischen Strömungen. Schließlich definierte sich der DEF – nach dem Vorbild der Evangelischen Kirche in Deutschland – seit dem Ende des Zweiten Weltkriegs als überparteiliche Organisation[19]. Allerdings zeigte sich rasch, dass der Verband das selbst auferlegte Gebot der parteipolitischen Neutralität nicht befolgte. Vielmehr suchte der strukturell konservativ ausgerichtete DEF nun aktiver als bisher die engere Zusammenarbeit mit dem

---

[16] Vgl. Robert Scheiber/Marianne Grunwald/Carol Hagemann-White, Frauenverbände und Frauenvereinigungen in der Bundesrepublik Deutschland, Stuttgart u.a. 1996, S. 8.
[17] Darunter: Bundestagswahl am 15. September 1957, in: Neue Evangelische Frauenzeitung 6 (1957), S. 4.
[18] Vgl. Ilse Haun, Was tut der Deutsch-Evangelische Frauenbund heute?, in: Neue Evangelische Frauenzeitung 3 (1965), S. 69; AddF, DEF, K-16, A 10c (8), Juli 1958–Juli 1962, Unsere staatsbürgerliche Lehrgangsarbeit (Stand: Herbst 1956).
[19] Vgl. Haun, Frauenbund, S. 65; Klein, Protestantismus, S. 119f.

christdemokratischen Lager. So kamen in der vom DEF herausgegebenen „Neuen Evangelischen Frauenzeitung" fast ausschließlich Abgeordnete der CDU/CSU-Fraktion zu Wort. Auch auf den bildungspolitischen Seminaren des DEF berichteten vorwiegend Politikerinnen des konservativen oder gelegentlich liberalen Spektrums über ihre parlamentarische Arbeit. Freilich erwartete der DEF für sein Engagement im Vorfeld der CDU auch Gegenleistungen: Als Ausgleich für die Wiederaufnahme der staatsbürgerlichen Bildungsarbeit und seine politische Ausrichtung forderte der DEF von der CDU Mandate auf allen parlamentarischen Ebenen für „bewährte Persönlichkeiten" aus den evangelischen Frauenverbänden[20].

Wie gestalteten sich die staatsbürgerlichen Seminare des DEF nun konkret? In den Veranstaltungen, die sich über drei bis fünf Tage erstreckten, wurden zunächst grundlegende Informationen über den Aufbau der Verfassung und der politischen Organe in der Bundesrepublik vermittelt. Beinahe mit Erstaunen hatte der DEF festgestellt, die Kenntnisse darüber seien „durchweg gering"[21]. Unerwähnt blieb dabei jedoch, dass auch der Beitrag der evangelischen Kirche zur Demokratisierung, etwa bei der Entstehung des Grundgesetzes, kaum sichtbar gewesen war. Zu einem selbstverständlichen Bestandteil der Tagungen gehörten überdies rhetorische Trainings sowie Rundgespräche mit weiblichen Bundes- sowie Landtagsabgeordneten, die die Teilnehmerinnen zuweilen zu eigenem politischen Engagement motivierten. Flankiert durch Bibelarbeiten deckten die Seminare ein breites thematisches Spektrum ab, das vom Ehe- und Familienrecht, dem Jugendschutz, der Gleichberechtigung der Frau, sozial- und arbeitsmarktpolitischen Fragen bis hin zur Außen- und Verteidigungspolitik reichte.

Einen besonderen Stellenwert besaß die Beschäftigung mit der deutschen Teilung. Grundsätzlich verstand sich der DEF auch nach 1949 weiterhin als gesamtdeutscher Verband, der zur Unterstützung seiner Arbeit in den östlichen Landesverbänden sowie zur Ausrichtung deutsch-deutscher Tagungen Zuwendungen aus den Töpfen verschiedener Ministerien und der Bundeszentrale für politische Bildung erhielt. Die bis zum Mauerbau 1961 zumeist jährlich in Berlin stattfindenden, danach in der Regel als Privatbesuche getarnten Veranstaltungen besaßen dabei verschiedene Funktionen. So ließ sich an die Tradition jener antikommunistischen Ressenti-

---

[20] AddF, DEF, K-16, Q 3, Parteien, Politische Akademie Eichholz an Haun vom 10.12.1957.
[21] AddF, DEF, K-16, A 10c (8), Juli 1958–Juli 1962, Unsere staatsbürgerliche Lehrgangsarbeit (Stand: Herbst 1956).

ments, die der DEF bereits in den Weimarer Jahren intensiv gepflegt hatte, anknüpfen, wenn etwa in Referaten die „Sowjetpädagogik der Gegenwart" der „Erziehung zur Freiheit" gegenübergestellt wurde. In der Bundesrepublik sollten die regelmäßigen Berichte über die „Verhältnisse in Mitteldeutschland", der persönliche Anblick der Grenzanlagen und die zuweilen scharfen Grenzkontrollen überdies die Integration in das demokratische System fördern, für das sich der Protestantismus noch immer schwer zu erwärmen vermochte[22]. Im östlichen Teil Deutschlands dienten die Besuche dagegen vorwiegend der Aufrechterhaltung deutsch-deutscher Kontakte zwischen den Frauenverbänden, dem Austausch über die politische Situation in der DDR sowie der religiösen Stärkung der ostdeutschen Frauen.

5. Politische Bildungsarbeit in der Krise

In den vier Jahren von 1952 bis 1956 durchliefen am Sitz des DEF in Hannover und am zweiten Tagungsort Berlin etwa 400 Frauen die staatsbürgerlichen Schulungen; in den folgenden Jahren stabilisierte sich die jährliche Teilnehmerinnenzahl bei etwa 100 bis 120. Während der Anteil erwerbstätiger Ehefrauen in der Bundesrepublik zwischen 1950 und 1970 von 19 auf beinahe 50 Prozent anstieg, stellten Hausfrauen meist 90 Prozent der Seminar-Teilnehmerinnen. Obwohl der DEF der Zusammenarbeit von Hausfrauen und Berufstätigen besondere Priorität einräumte, um das in den evangelischen Frauenverbänden verbreitete christlich-bürgerliche Leitbild von der Frau als „Hüterin des Hauses" aufzuweichen, begrenzte die starke Beteiligung von Hausfrauen die Reichweite der politischen Bildungsarbeit unweigerlich. Dies war wesentlich darauf zurückzuführen, dass viele Männer eine politische Betätigung ihrer Ehefrauen noch überaus kritisch betrachteten und zugleich das konservative Familienbild der CDU den politischen Aufstieg verheirateter Frauen erschwerte[23].

Nicht übersehen werden darf jedoch, dass die äußerst niedrige Quote erwerbstätiger Frauen in den staatsbürgerlichen Schulungen des DEF auch auf das verhältnismäßig hohe Alter der Teilnehmerinnen zurückzuführen war, das in der frühen Bundes-

---

[22] Material hierzu in: AddF, DEF, K-16, A 10c, und K-16, A 10c (8), Juli 1958–Juli 1962; die folgenden Angaben zu den Teilnehmerinnen an den staatsbürgerlichen Schulungen finden sich ebenda.
[23] LKA Stuttgart, K 6, Nr. 195, Tätigkeitsbericht des Landesfrauenausschusses vom November 1952–Juni 1956.

republik zwischen 50 und 65 Jahren lag. Zwar hoben die Organisatorinnen immer wieder hervor, dass insbesondere die über 60-Jährigen, deren politische Sozialisation bereits in den Weimarer Jahren stattgefunden hatte, über fundierte Kenntnisse in politischen Fragen verfügten, doch konnte dies nicht darüber hinwegtäuschen, dass der DEF seit Ende des Zweiten Weltkriegs mit einem massiven Nachwuchsproblem zu kämpfen hatte. So rückte das Ziel, insbesondere jüngere Frauen auf die Übernahme eines Mandats vorzubereiten, in immer weitere Ferne, und der Anspruch, von den Parteien bei der Mandatsverteilung berücksichtigt zu werden, ließ sich schon in den 1960er Jahren mangels interessiertem politischen Nachwuchs kaum noch aufrechterhalten.

Indes erfasste die Nachwuchskrise nicht allein den DEF, sondern auch die Frauenhilfe. Da deren Abgeordnete ihre politische Legitimation überwiegend aus ihrem spezifischen Beitrag zur Behebung der „Not des Volkes" in der Nachkriegszeit bezogen hatten und eine politisch-programmatische Neuausrichtung des Verbands eher schleppend verlief, gelang es auch der Frauenhilfe nicht, jüngere Mitglieder für ein politisch-parlamentarisches Engagement zu gewinnen. Zugleich traten auch die älteren Abgeordneten aus den Reihen der Frauenhilfe sukzessive den Rückzug aus den Parlamenten an. Sie gaben ihre Mandate entweder aus Altersgründen auf, wurden von der CDU nicht mehr nominiert oder nur auf hinteren Listenplätzen platziert.

Nach Ende des Zweiten Weltkriegs und dem Aufbruch in die Demokratie in der Ära Adenauer erwies sich der Versuch der evangelischen Frauenverbände, ihre Mitglieder zu einem verstärkten Engagement in Parteien oder politischen Verbänden zu motivieren, damit lediglich als zeitlich befristetes Projekt. Die Verbände wurden jedoch nicht unpolitisch. Vielmehr stellten die Leitungen der evangelischen Frauenverbände bereits zu Beginn der 1960er Jahre fest, dass die Mitglieder neue Beteiligungsformen suchten, die jenseits der etablierten Formen politischer Partizipation lagen[24]. Zwar konnten sich Formen unkonventionellen Engagements erst ein Jahrzehnt später unter Einfluss der Zweiten Frauenbewegung vollends durchsetzen, doch zeigten sich hier erste Symptome eines veränderten Verständnisses politischer Partizipation in den Reihen der evangelischen Frauenverbände.

---

[24] Ilse Haun, Sind Frauenverbände überholt?, in: Neue Evangelische Frauenzeitung 1 (1962), S. 7ff.

Anna Schnädelbach
„Haben Sie bedacht, Herr Minister, daß wir einen Menschen verloren haben?"
Kriegerwitwen in Westdeutschland nach 1945

1. Kriegerwitwen, Öffentlichkeit und politische Partizipation

Nach dem Zweiten Weltkrieg lebten in der Bundesrepublik Deutschland rund eine Million Kriegerwitwen. Deren Existenz war von sozialen Problemen geprägt, außerdem mussten sie Kriegserlebnisse und -verluste psychisch verarbeiten. Ihre Versorgung durch den Staat und ihre Lebensweise wurden öffentlich diskutiert, ihre individuellen Schicksale zu einer politischen Angelegenheit. Mit welchen Strategien Kriegerwitwen selbst ihre Situation meisterten, ob und wie sie für ihre Belange eintraten, ist bisher kaum erforscht, obwohl die genderorientierte Partizipationsforschung seit langem fordert, „den Fokus auf die Inklusion von bislang ausgeschlossenen Themen, Sphären, Formen und Akteurinnen" zu richten[1].

Im Folgenden soll deshalb untersucht werden, ob das Verhältnis von Kriegerwitwen *zu* und deren Engagement *in* bestimmten Teilöffentlichkeiten politische Partizipation bedeutete. Der Begriff „Kriegerwitwe" wird bewusst verwendet, da er in der zeitgenössischen Diskussion der 1950er Jahre präsenter ist als die Ausdrücke „Kriegswitwe" oder „Soldatenfrau". Die Verbindung des archaischen Ausdrucks „Krieger" mit dem Wort „Witwe" („die ihres Manns beraubte"), mit dem Frauen öffentlich „markiert" wurden, weist auf bis heute wirksame Bedeutungen, die in den späten 1940er und in den 1950er Jahren mit diesem Begriff assoziiert waren und deren Wurzeln wesentlich früher als 1945 liegen.

---

[1] Vgl. Barbara Holland-Cunz, Demokratiekritik. Zu Staatsbildern, Politikbegriffen und Demokratieformen, in: Ruth Becker/Beate Kortendiek (Hrsg.), Handbuch Frauen- und Geschlechterforschung. Theorie, Methoden, Empirie, Wiesbaden 2004, S. 467–475, hier S. 470. In meiner Dissertation „Aus dem Rahmen gefallen? Kriegerwitwen im westlichen Nachkriegsdeutschland 1945 bis 1960", die in Kürze erscheint, habe ich Witwen erstmals als historische Akteurinnen und ihren Umgang mit öffentlichen Debatten untersucht.

Der Beitrag geht davon aus, dass es eine Pluralität von Öffentlichkeiten gibt, die der Dichotomie Öffentlichkeit/Privatheit gegenüberzustellen ist. Dadurch werden die Grenzverschiebungen zwischen beiden Sphären und die Vielfalt öffentlicher Räume, die sich Frauen und Männer trotz ihres Ausschlusses aus bestimmten Foren der bürgerlichen Gesellschaft schufen, fassbar[2]. Eine Untersuchung solcher Räume setzt voraus, Öffentlichkeit und Privatheit als Sphären mit fließenden Übergängen zu begreifen und die Entstehung von Öffentlichkeit sehr früh anzusetzen[3]. Damit eröffnen sich auch neue Perspektiven darauf, wie Frauen und Männer politisch aktiv wurden – und zwar sowohl jenseits institutionalisierter Partizipations- als auch konventioneller Beteiligungsformen. Politische Partizipation ist institutionalisiert, wenn sie rechtlich verankert und geregelt ist, zum Beispiel in der Verfassung oder einer Gemeindeordnung. Überdies meint institutionalisierte Partizipation Beteiligung in Organisationen wie Gewerkschaften, Parteien oder Verbänden. Konventionelle Beteiligungsformen zeichnen sich dadurch aus, dass sie etabliert, weit verbreitet und relativ üblich sind, wie etwa die Beteiligung an Wahlen oder die Mitarbeit in einer Partei. Demgegenüber stehen Formen nichtinstitutionalisierter und unkonventioneller Partizipation, die auch die Grenzen des Legalen überschreiten können[4].

Zwei Aspekte sind bezüglich der Kriegerwitwen von Interesse. Erstens: Welche Formen von konventioneller Partizipation gab es für und von Kriegerwitwen in den 1950er Jahren? Zweitens: Welche Rolle spielte die einzelne Akteurin, die nicht kollektiv, sondern individuell handelte? Kriegerwitwen stellten Öffentlichkeit her, wenn auch selten in medialer Form wie etwa in der Presse. Sie wurden zudem meist als Einzelpersonen aktiv, ohne als Teil einer organisierten Gruppe mit *einer* Stimme zu sprechen. Es stellt sich hier also die Frage, ob Partizipation nur kollektiv erfolgen kann und welches Verständnis von Partizipation es ermöglicht, den Fokus auf die Einzelne und deren Engagement zu richten.

---

[2] Vgl. Elisabeth Klaus, Das Öffentliche im Privaten – Das Private im Öffentlichen. Ein kommunikationstheoretischer Ansatz, in: Friederike Herrmann/Margret Lünenborg (Hrsg.), Tabubruch als Programm. Privates und Intimes in den Medien, Opladen 2001, S. 15–35, hier S. 18.

[3] So betont Klaus (ebenda, S. 20), dass bereits die „interpersonellen, mündlichen Ausdrucksformen und alltäglichen, flüchtigen Kommunikationsformen" in eine Definition von Öffentlichkeiten einzubeziehen seien.

[4] Vgl. Brigitte Geißel/Virginia Penrose, Dynamiken der politischen Partizipation und Partizipationsforschung – politische Partizipation von Frauen und Männern, in: http://web.fu-berlin.de/gpo/geissel_penrose.htm, S. 4.

2. Umgang mit einem Massenschicksal: Kriegerwitwen und Kriegsopferverbände

Im Gegensatz zu anderen alleinstehenden Frauen waren Kriegerwitwen unmittelbar von den Maßnahmen der Kriegsopferversorgung betroffen – einem für die junge Bundesrepublik kostspieligen Politikfeld, das in den 1950er Jahren höchst umkämpft war. Diese Form der Versorgung war zunächst nicht bundeseinheitlich geregelt und blieb nach Einführung des Bundesversorgungsgesetzes 1950 und seiner späteren Novellen bis in die 1960er Jahre hinein umstritten[5]. Sie kostete zwischen 1950 und 1989 insgesamt 312 Milliarden DM, die Zahl der Versorgungsberechtigten erreichte 1952 mit 4,4 Millionen ihren Höhepunkt[6]. Diese Maßnahmen beeinflussten die Lebensumstände der Witwen unmittelbar[7]. Viele Parteipolitikerinnen, oft selbst Kriegsopfer, waren in den Ausschüssen für Kriegsopferfragen engagiert und publizierten zum Thema. Prominente politische Repräsentantinnen sprachen auf Tagungen der Kriegsopferverbände oder auf von den Parteien veranstalteten Hinterbliebenentreffen, so die Bundestagsabgeordnete Elisabeth Schwarzhaupt (CDU) oder die Staatssekretärin im Bundesinnenministerium Dorothea Frandsen (CDU). Große Frauenverbände wie der Deutsche Frauenrat traten hier weniger in Erscheinung. Für sie stand die Lage der weiblichen Hinterbliebenen nicht im Mittelpunkt ihres politischen Interesses, während sich die Kriegsopferausschüsse der großen Parteien vorrangig mit der Lage der vorwiegend männlichen Beschädigten beschäftigten.

Die wichtigste politische Interessenvertretung der Hinterbliebenen waren die Kriegsopferverbände, die nach 1945 von den Alliierten verboten worden waren, sich aber in den 1950er Jahren wieder etablierten. Der Verband der Kriegsbeschädigten, Kriegshinterbliebenen und Sozialrentner Deutschlands (VdK) war mit 1,5 Millionen Mitgliedern Mitte der 1950er Jahre der größte unter ihnen. Die Verbände waren bereits institutionalisiert, da sie nach 1945 auf ihren Strukturen der Weimarer Republik aufbauen und auf

---

[5] Vgl. Vera Neumann, Nicht der Rede wert. Die Privatisierung der Kriegsfolgen in der frühen Bundesrepublik. Lebensgeschichtliche Erinnerungen, Münster 1999, S. 131.
[6] Vgl. Lutz Wiegand, Kriegsfolgengesetzgebung in der Bundesrepublik Deutschland, in: Archiv für Sozialgeschichte 35 (1995), S. 71–90, hier S. 81.
[7] Vgl. Wolfgang Rüfner/Constantin Goschler, Ausgleich von Kriegs- und Diktaturfolgen, soziales Entschädigungsrecht, in: Günther Schulz (Hrsg.), Geschichte der Sozialpolitik in Deutschland seit 1945, Bd. 3: 1949–1957. Bewältigung der Kriegsfolgen, Rückkehr zur sozialpolitischen Normalität, Baden-Baden 2005, S. 687–777.

konventionelle Formen politischer Einflussnahme zurückgreifen konnten: Sie beteiligten sich aktiv an den Diskussionen über das Bundesversorgungsgesetz, begleiteten dessen Novellen, kritisierten öffentlich deren praktische Umsetzung und vertraten ihre Interessen in den Medien. Auf der lokalen Ebene berieten Hinterbliebenenbetreuerinnen, oft selbst Witwen und meist ehrenamtlich tätig, die Frauen, sprachen in ihrem Namen bei Ämtern vor und leisteten praktische Hilfe[8].

Wenn sich Hinterbliebenenvertreterinnen explizit äußerten, dann meist im Rahmen sozial-moralischer Diskussionen: Witwen wurden hier als tapfere, geplagte Opfer und als Frauen dargestellt, die ihre Situation unter großem Verzicht meisterten. Demnach verdienten sie eine angemessene Versorgung, ohne dass diese ihren Verlust wirklich hätte wettmachen können. Verhielten sich Witwen jedoch nicht gemäß dieses diskursiven Programms, wurden sie mit Bezug auf traditionelle Vorstellungen von „sittlicher" Witwenschaft und „Normalfamilie" als vermeintlicher Garantie der „natürlichen Ordnung der Gesellschaft" verurteilt.

Die Verbände machten sich zum Sprachrohr der Kriegerwitwen und legten dabei großes Engagement an den Tag. Trotz hitziger Debatten wurde in den Verbänden jedoch viel *über*, aber wenig *mit* Witwen gesprochen und *für sie* und weniger *mit ihnen* politisch interveniert. Diese große Gruppe Frauen stand wie keine andere für den verlorenen Krieg, zugleich befand sie sich in den 1950er Jahren aufgrund der nichtehelichen Lebensgemeinschaften vieler Witwen, der so genannten Onkelehen, im Mittelpunkt einer grundsätzlichen Debatte um die Rolle der Frau und der „Normalfamilie" als Grundlage der bundesdeutschen Gesellschaft[9]. Dennoch blieb diese Gruppe meist stumm.

Hanna Gerig, Kölner CDU-Stadtverordnete und somit eine konventionell partizipierende Vertreterin dieser Frauen, fragte in einem Artikel von 1959 deswegen: „Sind Witwen schlechtere Staatsbürger?" In ihrer Veröffentlichung beklagte sie das mangelnde politische Engagement der Witwen, das sich in der geringen Wahlbeteiligung bei Bundes- und Landeswahlen ausdrücke, stellte aber

---

[8] Vgl. Verband der Kriegs- und Wehrdienstopfer, Behinderten und Sozialrentner Deutschlands, Landesverband Hessen (Hrsg.), Chronik VdK Hessen. Ein Stück Nachkriegsgeschichte, Frankfurt a.M. 1989.
[9] Viele Witwen lebten unverheiratet mit einem Mann zusammen, da sie in einer neuen Ehe den Anspruch auf Hinterbliebenenrente verloren hätten. Die Kinder der Witwen sollen den Partner der Mutter oft „Onkel" genannt haben. Nach Schätzungen gab es Mitte der 1950er Jahre bis zu 300 000 solcher Beziehungen. Vgl. Neumann, Privatisierung der Kriegsfolgen, S. 150.

auch fest, sie seien aufgrund ihrer schwierigen finanziellen Lage, der Überforderung durch Erwerbsarbeit, Haushalt und Kindererziehung sowie der dürftigen Kriegsopferpolitik verbittert. Sie würden zudem durch die Kriegsopferverbände und die Opposition gegen die Politik der Union mobilisiert: „Witwen können sich nicht ausreichend informieren, sie fallen schneller auf leere Gerüchte und Behauptungen herein. Mindestens sind sie unsicher geworden und dann gehen sie – verärgert-deprimiert – gar nicht zur Wahl."[10]

Witwen als politisch aktive Vertreterinnen ihrer Interessen kommen in Gerigs Vorstellung nicht vor. Zudem fehlte es ihr wie auch anderen Entscheidungsträgern an konkreten Informationen über die tatsächlichen Lebensumstände und Einstellungen der Witwen, die sich nicht in der Versorgungsstatistik niederschlugen. So äußerte die Bundestagsabgeordnete Marta Schanzenbach, die auch dem SPD-Vorstand angehörte, auf einem Kongress ihrer Partei für Kriegshinterbliebene 1964: „Es ist sehr zu bedauern, daß über die Fragen und Probleme der alleinstehenden Frau und damit auch der Kriegerwitwe keine umfassenden genauen Angaben gemacht werden können."[11] Hier sprachen Akteurinnen für und über eine Gruppe Frauen, von der sie wenig wussten, aber viel zu wissen glaubten.

Ganz selten finden sich Zeugnisse, in denen sich die Witwen selbst oder ihre direkten Fürsprecherinnen äußerten. So schrieben im Juni 1959 Repräsentantinnen der rund 600 000 im VdK organisierten Witwen nach Abschluss einer Bundeshinterbliebenenkonferenz einen offenen Brief an Bundesarbeitsminister Theodor Blank. Sie waren unter anderem darüber entrüstet, dass in der Novelle des Bundesversorgungsgesetzes von 1959 Nebeneinkommen, die Kriegerwitwen neben ihrer Grundrente in bestimmter Höhe dazu verdienen durften, zur Hälfte auf die Ausgleichsrenten angerechnet werden sollten. Dies bedeute, den Frauen die gleichzeitig beschlossene Erhöhung der Ausgleichsrente de facto wieder wegzunehmen. Zudem sei man nach wie vor mit der Höhe der Grundrenten unzufrieden. Am Ende des Briefs heißt es:

---

[10] Hanna Gerig, Sind Witwen schlechtere Staatsbürger?, in: Frauen und Politik. Mitteilungen und Berichte der Christlich-Demokratischen Union 10 (1959), S. 5–11, hier S. 9.
[11] Marta Schanzenbach, Die gesellschaftliche Stellung der Kriegerwitwe, in: Vorstand der SPD (Hrsg.), Gerechtigkeit für Hinterbliebene. Eine Dokumentation vom Kriegshinterbliebenenkongreß der SPD am 28. und 29. Februar 1964 in der Festhalle Harmonie zu Heilbronn, Bonn 1964, S. 11–24, hier S. 11.

"Haben Sie bedacht, Herr Minister, daß wir einen Menschen verloren haben, einen Menschen, der nach christlicher Auffassung in der Waagschale irdischer und ewiger Bewertungen schwer wiegen sollte. Seit Jahren üben wir bitteren Verzicht auf Vieles, das anderen selbstverständlich ist und das keineswegs nur auf materiellem Gebiet. Wir finden es unwürdig, daß man mit uns, noch 14 Jahre nach Kriegsende, über die Gräber hinweg feilscht. Nicht nur einzelne Egoisten, auch der Staat nimmt es gedankenlos hin, daß wir unter großen Mühen unsere Kinder zu guten Staatsbürgern herangezogen haben. Schon sind es unsere Söhne, die zum Wehrdienst einberufen werden und wir als Mütter haben immer noch nicht die Anerkennung gefunden, die der Würde und Größe unseres Opfers entspricht."[12]

Die Argumentation der Schreibenden verdeutlicht, dass die Kriegsopferverbände immer eine angemessene *finanzielle* Versorgung der Hinterbliebenen favorisierten. Kriegerwitwen durch Erwerbsarbeit sozial zu sichern, stand nie zur Debatte. Einerseits schloss man hier an die Tradition der Interessenpolitik der Weimarer Zeit an. Andererseits grenzte man sich gegenüber dem Osten Deutschlands und der sozialistischen Maxime ab, Frauen in die Erwerbsarbeit zu bringen. Die Diskussion über die Zuverdiengrenzen verweist jedoch darauf, dass die Grundrenten zu niedrig waren und die meisten Witwen arbeiten gehen mussten, um ihren Lebensunterhalt zu sichern. Das Problem der Vereinbarkeit von Erwerbsarbeit und Kinderbetreuung wird indirekt ebenfalls angesprochen. Die Argumentation greift jedoch auf das gängige Muster zurück: Opfer, Verlust, Verzicht, tapferes Meistern des Schicksals und Anspruch auf angemessene *finanzielle* Entschädigung.

3. Kriegerwitwen als Akteurinnen: Eigensinn und konventionelle Partizipation

Ohne das Engagement der Verbände und der dort organisierten Frauen zu schmälern, zeigen sich in der konkreten Situation einzelner Witwen große Kontraste zwischen dem, was die Verbände forderten, und der Selbstwahrnehmung dieser Frauen. Neben den bereits genannten Problemen war folgender Konflikt für die Witwen zentral: Ihr Privatleben war wenigstens teilweise *öffentlich*, die Frauen standen aufgrund der finanziellen Abhängigkeit vom Staat

---

[12] Zur Neuordnung des Bundesversorgungsgesetzes. Abdruck eines offenen Briefes der organisierten Kriegerwitwen im VdK an Bundesarbeitsminister Blank von 1959, in: Informationen für die Frau 6 (1959), S. 6.

immer unter Beobachtung und waren – besonders wenn sie zusätzlich Hilfen der öffentlichen Fürsorge erhielten – immer wieder gezwungen, ihre Hilfsbedürftigkeit nachzuweisen. Obwohl die meisten Witwen als Haushaltsvorstände fungierten und neben ihren eigenen Kindern oft Angehörige ihrer Herkunfts- und Schwiegerfamilie betreuten, also *versorgende* Frauen waren, wurden sie qua Gesetz als hinterbliebene Ehefrauen und damit als *versorgte* Frauen angesehen. Da Ehe und „Normalfamilie" wichtige Grundlagen des gesellschaftlichen Selbstverständnisses bildeten, waren Kriegerwitwen sowohl einer Familienpolitik mit inhärenter Geschlechterhierarchie als auch einem Versorgungsrecht unterworfen, das sie als hinterbliebene Ehefrauen behandelte. Ihr (sozialrechtlicher) Status wurde nur über den verstorbenen Ehemann definiert. Führten diese Frauen eine nichteheliche Beziehung, stand dies dem öffentlich geforderten Verhalten entgegen: Sie sollten entweder tapfere, verzichtende und versorgte Witwen sein oder wieder heiraten – nicht zuletzt, um die öffentlichen Kassen zu entlasten.

Die Witwen reagierten auf diesen sozialen und gesellschaftlichen Druck auf zweifache Weise: Erstens mit Eigensinn[13] gegenüber den Behörden, indem sie bestimmte Fakten verschwiegen, sich bestimmten Maßnahmen entzogen oder ihnen mit offenem Widerstand begegneten. Zweitens: Mit einer bereits etablierten Form der Partizipation, also einer Eingabe beziehungsweise einem Bittgesuch bezüglich ihrer „Onkelehe" an den Bundesfamilienminister Franz-Josef Wuermeling. In einer Sammlung von 50 Eingaben schrieben Kriegerwitwen über ihre persönliche Situation in einer nichtehelichen Lebensgemeinschaft, den finanziellen Zwang, aus dem heraus sie keine neue Ehe eingingen, über die Diffamierung durch Familie und Nachbarn sowie über die Probleme mit den eigenen Kindern. Wünsche nach konkreter Hilfe wurden geäußert und strategisch begründet, indem man eine neue Eheschließung als einzig anzustrebende Lösung des Problems darstellte, was jedoch an den Umständen scheitere. Die Witwen schrieben aber jede für sich und äußerten sich in diesem Rahmen genauso wenig kollektiv wie in den Verbänden. Das Leben in einer „Onkelehe" war jedoch aufgrund der familienpolitischen Präferenzen der Regierung Adenauer und aufgrund der gesellschaftlichen Wahrnehmung Mitte der 1950er Jahre ein Politikum. Sind also die Eingaben der Witwen schon Partizipation?

---

[13] Zum Begriff vgl. Alf Lüdtke, Geschichte und Eigensinn, in: Berliner Geschichtswerkstatt (Hrsg.), Alltagskultur, Subjektivität und Geschichte. Zur Theorie und Praxis von Alltagsgeschichte, Münster 1994, S. 139–153.

Eine nichteheliche Lebensgemeinschaft war für die Witwen, die an das Ministerium schrieben, keine selbstbewusst gewählte Lebensform, sondern die Folge der Lebensumstände. Außerdem zeigte sich, dass die „Onkelehe" zwischen zwei Polen oszillierte: Anpassung einerseits und Eigensinn andererseits. Die Witwen distanzierten sich damit zwar von der Ehe als der von der Öffentlichkeit gewünschten Lebensform, verstanden dies jedoch nicht als einen bewussten Akt. Der Wunsch, mit einem Partner zu leben und dadurch Entlastung und emotionalen Rückhalt zu erfahren, war so stark, dass die Frauen soziale Sanktionen in Kauf nahmen, obwohl sie darunter litten.

Darüber hinaus reflektierten manche Witwen in den Briefen die öffentliche Debatte um die „Onkelehe" und äußerten ihr Unverständnis über die Beurteilung ihrer Situation, wobei ihr Blick über ihre eigene Befindlichkeit hinausging. So äußerte sich die Witwe F., Lehrerin und mehrfache Mutter, 1954 höchst kritisch zur Frage einer erneuten Ehe und zwar aufgrund der steuerlichen Bevorzugung von Ehepaaren, welche die geringfügige, aber durchaus bestehende wirtschaftliche Autonomie von Frauen aufhebe:

> „Muß also die Verehelichung gleich doppelt und dreifach bestraft werden? Mit Entzug der Witwenrente, Wegfall der Witwensteuerermäßigung und nun auch noch durch eine gemeinsame Veranlagung die Arbeit der Verheirateten dermaßen entwertet werden? [...] Man kann nicht durch Gesetze, die Verhältnisse ignorieren, die vom einschneidensten Krieg unserer Geschichte geschaffen wurden, diese bestehenden Verhältnisse aus dem Weg schaffen."[14]

Die Witwe Hanna G., die als Mutter von drei Kindern mit einem Rentner zusammenlebte, verwies 1955 auf das Recht von Witwen, ihre Lebensform selbst zu bestimmen:

> „Vieles wird uns, die wir eine so genannte ‚Onkelehe' führen, verübelt. Aber können wir dafür, dass uns die Männer genommen wurden und dass die augenblicklichen Verhältnisse eine Wiederverheiratung erschweren? Sollen wir deshalb auf uns alleine gestellt bleiben und keinerlei Anspruch mehr an das Zusammensein und das Leben stellen dürfen?"

Frau G. machte die „Legalisierung" ihrer nichtehelichen Lebensgemeinschaft offen davon abhängig, welchen Ausgleich sie und ihr Partner für ihre finanziellen Kriegsverluste erhielten und ob ihre

---

[14] BA Koblenz, B 153/1113, Bundesministerium für Familienfragen, Briefe und Eingaben zur „Onkelehe", Bl. 23 f. Die folgenden Zitate Bl. 63 und Bl. 64.

finanzielle Situation im Fall einer erneuten Ehe gesichert sei: „Wenn dieses alles realisiert werden könnte, dann sind wir gerne bereit, das Zusammenleben zu legalisieren, zumal es sich hier um Werte handelt, die jedem einzelnen rechtmäßig gehört haben."

Ein weiteres Beispiel ist ein Brief der Witwe D. an die Frauenbeauftragte der Inneren Mission. Sie sei Kriegerwitwe, habe Kinder, lebe allerdings nicht in „wilder Ehe", da sie die Ehe durchaus als eine „Lebensgemeinschaft bis zum Tod" ansehe. Sie könne, selbst wenn sie wolle, jedoch sowieso nicht wieder heiraten, da die finanziellen Belastungen für einen neuen Ehemann bei Wegfall der Witwenrente zu hoch wären. Sie argumentierte:

„Welchem Mann soll ich zumuten, meine Kinder zu ernähren und zu kleiden? Das kann ich auch von einem Mann mit sehr gutem Einkommen nicht verlangen, denn die ehemalige Witwe gerät dadurch in starke Abhängigkeit und ihr werden vielleicht bei der ersten Meinungsverschiedenheit die Kinder vorgeworfen. Auch wenn es ihr der Mann nicht direkt ins Gesicht sagt, weiß sie es trotzdem und wird nie ganz frei sein. So empfinde ich und mit mir andere Witwen auch."

Frau D. pochte andererseits darauf, Witwen das Recht auf eine „Onkelehe" zuzugestehen: „Wenn sich also eine Witwe entschließt in wilder Ehe zu leben, hat niemand das Recht, mit Fingern auf sie zu zeigen, solange die ungerechte Berentung aufrechterhalten wird."[15]

Witwen waren, das wird trotz dieser durchaus selbstbewussten Äußerungen deutlich, in ihrer Argumentation geprägt vom herrschenden Diskurs um Ehe und Normalfamilie. Ihre Schreiben entstanden aus dem Wunsch, die individuelle Lage zu verbessern. Jedoch machten sie damit ihre private Situation, die eine politische geworden war, durch eine Eingabe an eine Behörde oder ein Ministerium *öffentlich* und partizipierten auf diese Weise an einer Debatte *über sich*. Und ein weiterer Aspekt ist zu bedenken: Zwar schrieben die Witwen Mitte der 1950er Jahre einzeln und nicht kollektiv. Im Ministerium dürfte dies aber ganz anders wahrgenommen worden sein. Gerade die Vielzahl einzelner Briefe verlieh den Eingaben eine andere Qualität.

---

[15] ADW, HGSt 794, Brief der Witwe D. an die Frauenbeauftragte der Inneren Mission Dr. H. Becker vom 1.7.1952.

4. Politische Partizipation oder individuelle Teilhabe?

Es existierte außerhalb bereits etablierter Foren der Interessenvertretung für Kriegsopfer und Kriegshinterbliebene in den 1950er Jahren kein Raum, in dem Kriegerwitwen mit eigener Stimme sprachen und kollektiv eine „Gegenöffentlichkeit" entwickelten[16]. Ihr Leben in nichtehelichen Lebensgemeinschaften hatte aber politische Folgen, da die Witwen damit die Ehe und die „Normalfamilie" als Grundlagen des bundesdeutschen Staats in Frage stellten. Die Rechtfertigung einer „Onkelehe" bei gleichzeitiger „diskursiver" Partizipation[17] war jedoch keine politische: Hier ging es um Handlungen, die nicht intentional, sondern in ihren Konsequenzen politisch waren[18]. Ungeachtet dessen zeigt sich im Fall der Kriegerwitwen, in welcher Weise Eigensinn diskursive und damit gesellschaftliche Teilhabe bedeuten konnte. Kriegerwitwen bewegten sich in ihrer Argumentation zwar nicht über den traditionellen Rahmen hinaus und sprachen nicht mit einer „gegenöffentlichen" Stimme. Aber ihre „eigene" Stimme war vorhanden, wenn auch nicht in Form kollektiver politischer Partizipation.

Erst in den 1960er Jahren profilierten sich die in den Verbänden organisierten Kriegerwitwen stärker in den institutionalisierten Partizipationsforen. Neben Versorgungsfragen spielten zunehmend Probleme des Alterns eine Rolle, die auch andere ältere Frauen und Rentnerinnen betrafen. Es wäre untersuchenswert, inwieweit das veränderte politische Klima der 1960er Jahre und die Kritik der Neuen Frauenbewegung an den bestehenden Geschlechterverhältnissen die Interessenvertretung der Kriegerwitwen in den Verbänden beeinflusste. Allerdings blieben auch die älter gewordenen, organisierten Kriegerwitwen, selbst wenn sie sich jetzt stärker öffentlich artikulierten, bei ihrer Partizipation im Rahmen des Institutionalisierten. Hier wurde mehr repräsentiert als von einer breiten Basis von Kriegerwitwen politisch partizipiert.

---

[16] Vgl. Nancy Fraser, Öffentlichkeit neu denken. Ein Beitrag zur Kritik real existierender Demokratie, in: Elvira Scheich (Hrsg.), Vermittelte Weiblichkeit. Feministische Wissenschafts- und Gesellschaftstheorie, Hamburg 1996, S. 151–182, hier S. 166 und S. 172f.

[17] Bettina Westle, Politische Partizipation und Geschlecht, in: Achim Koch/Martina Wasmer/Peter Schmidt (Hrsg.), Politische Partizipation in der Bundesrepublik Deutschland. Empirische Befunde und theoretische Erklärungen, Opladen 2001, S. 131–168, hier S. 137; „diskursive Partizipation" meint Teilhabe an einer Debatte, die eine persönliche Lage betrifft.

[18] Vgl. Max Kaase, Politische Beteiligung, in: Martin Greiffenhagen/Sylvia Greiffenhagen (Hrsg.), Handwörterbuch zur politischen Kultur der Bundesrepublik Deutschland, Wiesbaden 2002, S. 349–355, hier S. 350.

Christine Hikel
Erinnerung als Partizipation
Inge Scholl und die „Weiße Rose" in der Bundesrepublik

1. Erinnerung – Politik – Partizipation

Erinnerung gibt darüber Auskunft, wie sich einzelne Personen, aber auch soziale Gruppen oder ganze Gesellschaften historisch verorten. Sie zeigt, welche Ereignisse diese als traditionsbildend für die eigene Gegenwart ansehen und welche Vorstellungen von Politik und Sozialordnung sie daraus ableiten. Erinnerung verfügt also über eine klare politische Dimension[1]. Die Deutungsmacht über die Vergangenheit muss verhandelt werden, und diese Prozesse brauchen Akteure. Wer erinnert wie an welche Personen oder Ereignisse? Welche Bilder von Vergangenheit und welche damit verbundenen Implikationen für die Gegenwart sollen evoziert werden? Wer Antworten auf diese Fragen gibt, entscheidet mit über die politischen und gesellschaftlichen Entwicklungen der Gegenwart. Damit hat Erinnerung auch eine partizipatorische Funktion.

Die Geschichtswissenschaft hat für die Auseinandersetzung mit der nationalsozialistischen Vergangenheit die Begriffe „Vergangenheitspolitik"[2] und „Geschichtspolitik"[3] geprägt, die beide die politische Dimension von Erinnerung widerspiegeln. Sie beziehen sich auf parlamentarische, juristische sowie institutionelle und damit staatliche Bewältigungsprozesse in traditionell männlich dominierten Arenen. Dieser Zugriff blendet Frauen als Akteurinnen weitgehend aus, obwohl gerade sie in hohem Maße die Erinnerung an den Nationalsozialismus prägten. Frauen waren oft die übrig Gebliebenen, die Überlebenden, die um Angehörige trauerten, an deren Schicksal erinnerten und dem Geschehen Sinn zu geben versuchten[4]. Dabei traten sie als Erinnernde jedoch oft hinter dem

---

[1] Vgl. Aleida Assmann/Ute Frevert, Geschichtsvergessenheit, Geschichtsversessenheit. Vom Umgang mit deutschen Vergangenheiten nach 1945, Stuttgart 1999, S. 42.
[2] Vgl. Norbert Frei, Vergangenheitspolitik. Die Anfänge der Bundesrepublik und die NS-Vergangenheit, München 1996.
[3] Vgl. Edgar Wolfrum, Geschichtspolitik in der Bundesrepublik Deutschland. Der Weg zur bundesrepublikanischen Erinnerung 1948–1990, Darmstadt 1999.
[4] Vgl. etwa den Beitrag von Anna Schnädelbach in diesem Band.

Objekt der Erinnerung zurück und verschwanden gleichsam dahinter.

Eine dieser Frauen, die den Erinnerungsdiskurs in der Bundesrepublik prägten, war Inge Scholl, die Schwester der 1943 hingerichteten Studenten Hans und Sophie Scholl von der Widerstandsgruppe „Weiße Rose". Ihre Rolle und ihre Gestaltungsmöglichkeiten werden im Folgenden beleuchtet. Dabei wird es auch darum gehen, die spezifischen Bedingungen und Zeitfenster herauszuarbeiten, die ihre Teilhabe begünstigten oder einschränkten.

2. Politisch-Werden

1917 geboren, war Inge Scholl das älteste von fünf Geschwistern. In ihren autobiografischen Texten beschrieb sie ihre Kindheit als sehr glücklich und geborgen. Der Nationalsozialismus sei in dieses Idyll eingebrochen und habe es zerstört, indem er die Familie entzweite und die liberalen politischen Vorstellungen des Vaters Robert Scholl den nationalsozialistischen Idealen der Kinder gegenüber stellte[5]. 1933 traten Inge Scholl und ihre Geschwister gegen den Willen der Eltern der Hitlerjugend in Ulm bei. Wie viele Angehörige ihrer Generation sammelte Inge Scholl in den nationalsozialistischen Jugendverbänden ihre ersten politischen Erfahrungen. Doch biografische Veränderungen wie der Schulabschluss, die Arbeit im Wirtschafts- und Steuerprüferbüro ihres Vaters und die damit verbundenen Verschiebungen ihrer persönlichen Interessen ließen das Engagement Inge Scholls beim BdM erlahmen. Dazu kam 1937 eine Verhaftung wegen „bündischer Umtriebe", die zu einer Distanzierung Inge Scholls vom Nationalsozialismus führte, ohne jedoch einen wirklichen Bruch hervorzurufen[6]. Diesen löste erst die Verhaftung und Hinrichtung ihrer Geschwister 1943 aus.

Die Studenten Hans und Sophie Scholl, Christoph Probst, Willi Graf und Alexander Schmorell sowie Professor Kurt Huber hatten 1942 und 1943 in München und anderen Städten des Reichs Flugblätter verteilt, die zu passivem Widerstand und zum Sturz der NS-Machthaber aufriefen. Am 18. Februar 1943 wurden die Geschwister

---

[5] Vgl. z.B. Inge Scholl, Die weiße Rose, Frankfurt a.M. ¹1952; zum Folgenden auch: Sönke Zankel, Mit Flugblättern gegen Hitler. Der Widerstandskreis um Hans Scholl und Alexander Schmorell, Köln u.a. 2008.
[6] Vgl. Sophie Scholl an Fritz Hartnagel, Mitte Januar 1938, in: Sophie Scholl/Fritz Hartnagel: Damit wir uns nicht verlieren. Briefwechsel 1937–1943, hrsg. von Thomas Hartnagel, Frankfurt a.M. 2005, S. 41.

Scholl denunziert und verhaftet, als sie an der Universität München Flugblätter verteilten. Fünf Tage später verurteilte der Volksgerichtshof die Scholls und Christoph Probst zum Tode. Die Hinrichtung fand noch am selben Nachmittag statt. In einem Folgeprozess im April 1943 wurden auch gegen Schmorell, Graf und Huber Todesurteile verhängt.

Inge Scholl hatte von dem Widerstand ihrer Geschwister nichts gewusst, dennoch war auch sie nun nationalsozialistischer Verfolgung ausgesetzt[7]. Die „Sippenhaft" und eine Anklage wegen „Rundfunkverbrechen" drängten Inge Scholl an den Rand der „Volksgemeinschaft", was auch im Rückzug der Familie Scholl aus Ulm auf einen einsamen Bauernhof im Schwarzwald zum Ausdruck kam. Aus Sicht des Regimes war damit die gesellschaftliche und politische Ausgrenzung der Familie Scholl erreicht. Für Inge Scholl war es jedoch auch eine Phase der Neuorientierung, der Suche nach neuen, verbindlichen Maßstäben verantwortlichen Handelns in der Gesellschaft. Sie wandte sich dem katholischen Glauben zu, der ihr nicht vom Nationalsozialismus korrumpiert schien[8]. Am 22. Februar 1945, dem zweiten Todestag ihrer Geschwister, konvertierte Inge Scholl zum Katholizismus[9]. Die Lebensbeichte, die sie zuvor abgelegt hatte, markierte den Abschluss mit ihrer Vergangenheit, die ihre NS-Biografie mit einschloss[10].

Nach der Hinrichtung von Hans und Sophie setzte sich Inge Scholl intensiv mit dem Widerstand und den Biografien ihrer Geschwister auseinander. Bereits am 30. März 1943 schrieb sie aus dem Polizeigefängnis in Ulm an ihren Verlobten Otl Aicher: „Ich werde mir, wenn ich zu Hause bin, jede kleinste Erinnerung an die Beiden, so gut ich's vermag, aufschreiben, denn die Zeit könnte manches verwischen."[11] Da Inge Scholl aber nicht zu den Eingeweihten gehört hatte, musste sie diese Leerstellen ihrer eigenen Erinnerung aus anderen Quellen füllen. Deshalb begann sie, systematisch Material über ihre Geschwister zu sammeln. Zeitzeugenberichte und Prozessakten sowie die Flugblätter der „Weißen Rose" bildeten neben den Selbstzeugnissen ihrer Geschwister die Grundlage des Archivs von Inge Scholl, das sie ständig erweiterte und ergänzte.

---

[7] Vgl. Zankel, Mit Flugblättern.
[8] IfZ-Archiv, ED 474 (NL Inge Aicher-Scholl)/32, Inge Scholl an Otl Aicher vom 22. 9. 1944.
[9] IfZ-Archiv, ED 474/33, Inge Scholl an Otl Aicher vom 14. 1. 1945.
[10] IfZ-Archiv, ED 474/33, Inge Scholl an Otl Aicher vom 13. und 22. 2. 1945.
[11] IfZ-Archiv, ED 474/31, Inge Scholl an Otl Aicher vom 30. 3. 1943.

Zur Legitimität Inge Scholls als Schwester der Hingerichteten trat die Autorität des Archivs, die der Subjektivität der Familienerinnerung die scheinbare Objektivität der Archivalien an die Seite stellte. Dies ist deshalb von entscheidender Bedeutung, weil das Wissensmonopol auch Inge Scholls zentrale Stellung im Erinnerungsdiskurs über die „Weiße Rose" zementierte.

3. Erinnerung und Politik nach Kriegsende

Das Kriegsende bedeutete auch einen Bruch der Deutschen mit alten Erinnerungsbeständen, die durch den Nationalsozialismus diskreditiert worden waren. Doch auf welche Traditionen und historischen Vorbilder sollte der entstehende westdeutsche Staat nun aufbauen? Eine Option war der deutsche Widerstand gegen das NS-Regime. Diese Situation eröffnete Inge Scholl als Schwester von Widerstandskämpfern neue Möglichkeiten politischer Einflussnahme.

Die „Weiße Rose" hatte schon während des Kriegs eine breite Rezeption in Deutschland erfahren. Diese beschränkte sich nicht auf eine negative Deutung, wie sie das NS-Regime verbreitete, sondern es waren beispielsweise auch Flugblätter abgeschrieben und weiterverteilt worden[12]. Nach dem Krieg war dieses Erinnerungspotenzial noch immer vorhanden und wurde durch erste Gedenkfeiern unter alliierter Aufsicht – wie etwa in München im November 1945[13] –, Zeitungsartikel oder Volkshochschulveranstaltungen gefestigt und ausgebaut. Inge Scholl trug mit ihren als „authentisch" geltenden Berichten der Münchner Ereignisse von 1943 dazu bei und konnte so schnell ihre Sicht der Dinge verbreiten[14]. Diese Darstellungen – nicht nur von Inge Scholl – enthielten immer schon Deutungen der Vergangenheit und Lehren aus dieser Vergangenheit für die Gegenwart und Zukunft.

Inge Scholls Blick auf die „Weiße Rose" war in der unmittelbaren Nachkriegszeit vor allem von einer großen Unsicherheit in Bezug auf den Begriff des Politischen gekennzeichnet. Diese Skepsis teilte sie mit vielen Vertretern ihrer Generation, die Politik mit Nationalsozialismus gleichsetzten. Wesentlich bedeutungsvoller schien deshalb der Aspekt der moralischen Integrität als Voraussetzung allen

---

[12] IfZ-Archiv, ED 474/284, Franz Völkl an Inge Scholl vom 8.3.1947 und Alfred Wenzel an Inge Scholl vom 2.3.1947.
[13] IfZ-Archiv, ED 474/35, Tagebucheintrag Inge Scholls vom 5.11.1945.
[14] IfZ-Archiv, ED 474/382, Korrespondenz Inge Scholls mit Frau S. (Volkshochschule Wuppertal/Barmen).

Handelns. Nur über die Kategorie des Moralischen konnte das Politische als Begriff und Handlungsoption wieder rehabilitiert werden. 1945 sagte Inge Scholl in einer Rundfunkansprache:
> „Wenn man schon über meine Geschwister und ihre Freunde sprechen will, so muss vor allem dies gesagt sein, dass ihre Kraft nicht aus einem politischen Aktionismus erwuchs, sondern aus Gefühlen der Menschlichkeit, die sich bestärkten und gerade richteten in einer befreienden Bindung an Gott."[15]

Diese religiös motivierte moralische Ummantelung des Politischen im Widerstand findet sich auch in Inge Scholls eigener Biografie wieder. Die Volkshochschule in Ulm, die seit Frühjahr 1946 unter ihrer Leitung stand, wurde von ihr als dezidert politische Einrichtung verstanden[16]. Doch die politische Bildung bestand nicht aus Kursen über Parlamentarismus und Demokratie, sondern wichtigster Bestandteil des Programms waren philosophische und theologische Rückbesinnungen auf das Menschliche und auf moralische Grundwerte[17]. Dies sollte den Menschen vor totalitären Verführungen schützen und ihn zu einem verantwortungsbewussten Handeln in einem demokratischen Staatswesen befähigen.

4. Demokratie – Freiheit – Frieden

Der Zukunftsoptimismus, mit dem die Erinnerung an die „Weiße Rose" in der unmittelbaren Nachkriegszeit verbunden war, schien in der frühen Bundesrepublik durchaus angebracht zu sein. Die politischen Diskurse pluralisierten sich und es etablierten sich neue, demokratische Gepflogenheiten. Ein zentrales Thema im neuen politischen Rahmen blieb weiterhin die Auseinandersetzung mit dem Nationalsozialismus. Dabei wurde mit den Begriffen Demokratie, Freiheit und Frieden ein Diskursfeld abgesteckt, das sich dezidiert gegen die „Verirrungen" des Nationalsozialismus wandte und sich für die freiheitlich-demokratische Grundordnung der Bundesrepublik einsetzte[18]. In der Folgezeit entwickelte sich

---

[15] IfZ-Archiv, ED 474/397, Inge Scholl: „Zum Gedenken an Sophie und Hans Scholl und ihre Freunde" (Erste Rundfunkansprache) 1945.
[16] IfZ-Archiv, ED 474/445, Inge Scholl: Vorrede zur Gründung des Tabakskollegiums, o.D. (ca. 1946).
[17] Vgl. die Programmübersicht der Volkshochschule Ulm in: Barbara Schüler, „Im Geiste der Gemordeten...". Die „Weiße Rose" und ihre Wirkung in der Nachkriegszeit, Paderborn u.a. 2000, S. 476–493 und S. 499ff.
[18] Vgl. die Artikel „Demokratie", „Freiheit" und „Friede", in: Heidrun Kämper, Opfer – Täter – Nichttäter. Ein Wörterbuch zum Schulddiskurs 1945–1955, Berlin 2007.

daraus zunehmend eine Abgrenzungsstrategie zu totalitären Regimen jeglicher Couleur, insbesondere dem „Ostblock" und der DDR. Inge Scholl konnte über diese Begriffe auch den Widerstand der „Weißen Rose" in die westdeutsche Gegenwart einpassen. „Freiheit", auch im Sinne individueller Freiheit, wurde als politischer Kampfbegriff in diesem Kontext zum Zentrum des Widerstands der „Weißen Rose", gleichermaßen als Motivation und Ziel des regimekritischen Handelns der Studenten. Diese Interpretation lag nahe, schließlich hatte die „Weiße Rose" in ihrem letzten Flugblatt „die persönliche Freiheit, das kostbarste Gut des Deutschen", vom „Staat Adolf Hitlers" zurückgefordert[19]. Inge Scholl betonte in ihren politischen Stellungnahmen zum Widerstand ihrer Geschwister die Aktualität des Freiheitsbegriffs in Abgrenzung zu allen totalitären Regimen, nicht nur zum Nationalsozialismus. Bereits 1951 hob sie in einer von RIAS Berlin übertragenen Gedenkstunde der Freien Universität Berlin für „Professoren und Studenten, die dem nationalsozialistischen und sowjetischen Terror zum Opfer fielen", diesen Aspekt hervor und bezeichnete es als eine Voraussetzung für die Versöhnung mit der DDR, „dass die Freiheit der Persönlichkeit zuerst kommt, dass zuerst dieses Trennende, die Unterdrückung einzelner Menschen aufgehoben werden" müsse[20].

Diese Interpretation fand in der bundesdeutschen Gesellschaft großen Rückhalt. In einem Besinnungsaufsatz zum Thema „Was bedeutet Ihnen die Tat der Geschwister Scholl?" kam der Oberrealschüler H. aus Kempten im Allgäu 1959 zu folgender Einschätzung: „Vielleicht finden sich auch unter der ‚Deutschen Jugend', jenseits des ‚Eisernen Vorhangs' solche Kämpfer für die Freiheit, wie sie es nicht nur im Nazireich, sondern auch in Ungarn 1956 gab. Es wäre zu wünschen."[21] Der Arbeiteraufstand vom 17. Juni 1953 förderte zusammen mit den immer wieder aufflackernden Arbeiter-, Studenten- und Schülerprotesten in der DDR die Gleichsetzung oppositionellen Handelns in der Gegenwart und im Nationalsozialismus[22].

Die bundesdeutsche Gesellschaft versuchte so, die gegenwärtige politische Situation in eine historische Kontinuität des Wider-

---

[19] Flugblatt „Kommilitonen! Kommilitoninnen!", zit. nach: Scholl, Weiße Rose, S. 108ff., hier S. 108.
[20] IfZ-Archiv, ED 474/397, Rede Inge Scholls bei einer von RIAS Berlin übertragenen Sendung „Gedenkstunde der Freien Universität für Professoren und Studenten, die dem nationalsozialistischen und sowjetischen Terror zum Opfer fielen", vom 20.7.1951.
[21] IfZ-Archiv, ED 474/6, Aufsatz des Schülers H. vom 26.5.1959, und Helmut Steinsdorfer an Robert Scholl vom 2.7.1959.
[22] Vgl. Wolfrum, Geschichtspolitik, S. 77ff.

stands zu stellen. Das entschärfte auch die Problematik, dass der Widerstand gegen den Nationalsozialismus gescheitert war. „Erfolg" wurde durch „Wirkung" ersetzt. Inge Scholl formulierte diese Interpretation 1959 ganz deutlich: „Man würde alles missverstehen, wenn man hier die Frage nach dem Erfolg stellte. Fragen muss man nach der Wirkung. Die Antwort kann nicht von jenen kommen, die tot sind, sondern von den Lebenden."[23] Es war also gar nicht möglich, über die „Weiße Rose" zu sprechen, ohne politisch zu sein. Zugleich wurde so die Geschichte des Widerstands aber auch an eine demokratische Erfolgsgeschichte der Bundesrepublik gekoppelt.

5. Entpolitisierung der „Weißen Rose" nach 1968

In den 1960er Jahren wurde diese Konnotation jedoch zunehmend problematisch. Die lange Zeit latenten Widersprüche zwischen dem Anspruch demokratischer Mitbestimmung und der politischen Realität in der Bundesrepublik brachen nun sichtbar auf. Dies führte auch zu einer kritischen Überprüfung des Umgangs mit der NS-Vergangenheit und den damit verbundenen Erinnerungsbeständen[24]. Auch Inge Scholl sah die Bundesrepublik der 1960er Jahre kritisch. Sie war der Meinung, dass das entscheidende Vermächtnis des Widerstands, die Beteiligung des Einzelnen an politischen Entscheidungsprozessen, nicht ausreichend realisiert werde. Die Expertenkultur, die strukturelle Festlegung von Mitbestimmung auf Parteien und Institutionen entsprach nicht dem, was sie sich in der unmittelbaren Nachkriegszeit von der politischen Zukunft Deutschlands erwartet hatte. 1960 stellte sie fest: „Das Angebot des Widerstands ist ausgeschlagen worden."[25] Die aufkommenden Studentenproteste, die mehr Mitsprache forderten, erschienen ihr deshalb als Vorboten eines neuen demokratischen Aufbruchs. In Interviews zeigte sie sich überzeugt, dass auch ihre Geschwister die protestierenden Studenten unterstützt hätten[26]. Für den politischen

---

[23] IfZ-Archiv, ED 474/398, Inge Scholl: Die Weiße Rose. Erinnerungen an eine Gruppe des deutschen Widerstandes, Rede gehalten bei der Tagung „Deutscher Widerstand und europäische Résistance" der Evangelischen Akademie Berlin am 20.7.1959.
[24] Vgl. Detlef Siegfried, Time is on my side. Konsum und Politik in der westdeutschen Jugendkultur der 60er Jahre, Göttingen 2006, S. 61–72.
[25] IfZ-Archiv, ED 474/398, Rede Inge Scholls vor der Jüdischen Gemeinde Berlin vom 9.6.1960.
[26] Stadtarchiv München, NL Kurt Huber, Bd. 203, Ausschnitt aus der Neuen Rheinzeitung: „Im Geiste der Scholls", o.D. (ca. 1968).

Aktionismus der Studenten jedoch spielte der Widerstand gegen den Nationalsozialismus kaum eine Rolle. Die Helden der Studentenbewegung waren andere, gegenwartsnähere, man brauchte die Geschwister Scholl nicht. Diese Einschätzung kam nicht nur von der Studentenbewegung selbst, sondern wurde auch von älteren kritischen Intellektuellen wie Harry Pross geteilt[27]. Die Zuschreibungen von politischen Motiven und Zielen der „Weißen Rose", die für eine ganze Generation Hintergrundfolie und Leitbild des eigenen politischen Handelns gewesen waren, verloren nun an Wert.

Eine Begründung für den Ausschluss der „Weißen Rose" aus dem politischen Selbstverständnis der Protestbewegung lieferte 1968 der Berliner Student Christian Petry. Im Magazin „Stern" veröffentlichte er zusammen mit Vincent Probst, dem Sohn des zusammen mit den Geschwistern Scholl hingerichteten Christoph Probst, den Artikel „Studenten aufs Schafott". Darin beurteilten die Autoren das Handeln der „Weißen Rose" als rein idealistische Tat ohne politische Bedeutung:

„Im Namen dieses Idealismus lassen sich keine politischen Taten mehr tun, und bereits die Tat der ‚Weißen Rose', die im wesentlichen eine Opfertat war, hatte einen durchaus unpolitischen Charakter. [...] Wenn wir also die ‚Weiße Rose' historisch sehen ohne Bezug zur Gegenwart, dann wird sie damit nicht ein Stück unbewältigter Vergangenheit. Sie *ist* Vergangenheit."[28]

Die „Weiße Rose" wurde historisiert und damit auch entpolitisiert. Erinnerung an den Widerstand wurde zunehmend wieder zu einer Privatangelegenheit der Betroffenen, ohne politische Bedeutung. Die Verknüpfung der Erinnerung an die „Weiße Rose" mit den politisch wirkmächtigen Diskursen der Vergangenheitsbewältigung der 1940er und 1950er Jahre konnte sich im Laufe der 1960er Jahre immer weniger durchsetzen. Die Möglichkeiten politischer Partizipation, die der Erinnerungsdiskurs Inge Scholl einmal geboten hatte, schwanden, als sich dieser wandelte. Anstelle der „Helden" des Widerstands rückten nun die ohnmächtigen und vergessenen Opfer des Nationalsozialismus in den Mittelpunkt[29]. Erst Anfang

---

[27] Vgl. Harry Pross, Zum Gedächtnis der Weißen Rose. Rede, gehalten in Ulm (Donau) am 20. Februar 1968, in: Neue Rundschau 2 (1968), S. 288–293.

[28] IfZ-Archiv, Fa 215/4, Zeitungsausschnitt: Christian Petry/Vincent Probst, Studenten aufs Schafott, in: Stern 8 (1968), S. 32ff., Hervorhebung im Original.

[29] Vgl. Constantin Goschler, Politische Moral und Moralpolitik. Die lange Dauer der „Wiedergutmachung" und das politische Bild des „Opfers", in:

der 1980er Jahre wurde auch die Geschichte der „Weißen Rose" in diesen neuen Diskurs eingepasst[30].

Für Inge Scholl bedeutete diese Entwicklung nicht das Ende ihrer politischen Aktivitäten, aber es ist durchaus eine Neuorientierung und zunehmende „Privatisierung des Politischen" durch Inge Scholl in den Jahren nach 1968 festzustellen. 1968 fand der letzte von ihr mitorganisierte Ostermarsch in Ulm statt[31] und die maßgeblich von ihr auf den Weg gebrachte Ulmer „Hochschule für Gestaltung" schloss ihre Pforten[32]. 1972 zog sie mit ihrer Familie aus Ulm nach Rotis, ein abgelegenes Mühlengelände im Allgäu[33]. Zwei Jahre später legte sie auch ihr Amt als Leiterin der Volkshochschule Ulm nieder[34]. Wie schon 1943 war auch jetzt der geografisch sichtbare Rückzug Zeichen einer Veränderung in ihrem politischen Leben.

6. Resümee

Inge Scholl erfuhr ihre erste politische Sozialisation im Nationalsozialismus, und zwar mit der „Machtergreifung" 1933, die für sie eine Art politische Erweckung darstellte. Ihr zweites Schlüsselerlebnis fand ebenfalls während des Dritten Reichs statt, diesmal aber unter umgekehrten Vorzeichen. Nun war es die Hinrichtung ihrer Geschwister als „Hochverräter", die diesen Entwicklungsprozess in Gang setzte. Doch die Möglichkeit, ihre neuen Vorstellungen von Politik und Gesellschaft auch in die Öffentlichkeit zu tragen, bot sich ihr erst nach Kriegsende 1945. Die Erfahrung einer ersten Politisierung im Nationalsozialismus, den Bruch mit dem NS-Regime und die daraus erwachsene konsequente Hinwendung zur Demokratie teilte sie mit vielen Vertretern der Generation der „'45er"[35]. Dass sich ihre politische Partizipation vor allem im Feld von Erinnerung abspielte, war auch der spezifischen Konstellation

---

Habbo Knoch (Hrsg.), Bürgersinn mit Weltgefühl. Politische Moral und solidarischer Protest in den sechziger und siebziger Jahren, Göttingen 2007, S. 138–156.
[30] Vgl. etwa die zahlreichen Neuveröffentlichungen zur „Weißen Rose", beginnend mit: Hermann Vinke, Das kurze Leben der Sophie Scholl, Ravensburg 1980.
[31] IfZ-Archiv, ED 474/658, Dokumentation Ostermarsch, Ulm 1968.
[32] Vgl. Paul Betts, The authority of everyday objects. A cultural history of West German industrial design, Berkeley u.a. 2004.
[33] Vgl. Hans Hermann Wetcke (Hrsg.), In Rotis, Lüdenscheid 1987.
[34] IfZ-Archiv, ED 474/441.
[35] Vgl. A. Dirk Moses, The Forty-Fivers. A Generation between Fascism and Democracy, in: German Politics and Society 17 (1999), S. 94–126.

geschuldet, dass die Deutschen nach dem Ende des Nationalsozialismus auf der Suche nach neuen, unbelasteten Erinnerungsbeständen waren. Dazu kam, dass Inge Scholl bereit war, ihre Familiengeschichte mit der Öffentlichkeit zu teilen, weil sie selbst von der Bedeutung des Widerstands für den politischen Wiederaufbau überzeugt war. Die Reichweite dieser Partizipation war aber stets vom gesellschaftlichen und politischen Rahmen begrenzt, in den bestimmte Aussagen über Vergangenheit und Gegenwart eingepasst werden mussten. Inge Scholl integrierte die Geschichte der „Weißen Rose" bis Anfang der 1960er Jahre über das Diskursfeld „Demokratie", „Freiheit" und „Frieden" in die politische Geschichte der Bundesrepublik. Die Umwälzungen im Zuge von „'68" sprengten diese Zusammenhänge und führten zu einer Entpolitisierung der Auseinandersetzung mit der „Weißen Rose". Inge Scholl verlor damit nicht ihre Bedeutung in der Debatte über den Widerstand, aber ihren Einfluss im politischen Diskurs der Bundesrepublik.

Elisabeth Zellmer
„Danke für die Blumen, Rechte wären uns lieber!"
Das Frauenforum München e.V. 1971 bis 1975

1. Protest und Partizipation

Die 1970er Jahre sind wie kein anderes Jahrzehnt in der Geschichte der Bundesrepublik mit lautstarkem Frauenprotest verbunden. Von der Selbstbezichtigungsaktion „Ich habe abgetrieben" in der Illustrierten „Stern" vom Juni 1971 bis hin zu den Walpurgisnacht-Demonstrationen gegen Männergewalt seit April 1977 – die Neue Frauenbewegung brach immer wieder bewusst mit Tabus und trat provozierend in die Öffentlichkeit, um auf Missstände aufmerksam zu machen. Dieser Protest gründete auch auf der Erkenntnis, dass es Zeit war für eine Neubestimmung dessen, was als politisch relevant anzusehen sei, und er war zugleich *ein* Ausdruck dieser Neubestimmung. Im Folgenden soll gezeigt werden, dass die feministische Kritik an traditionellen Auffassungen von Politik nicht nur weibliche Bedürfnisse in ein anderes Licht rückte, sondern auch eine breites Spektrum neuer Teilhabemöglichkeiten eröffnete. Verstärktes Partizipationsbegehren und die Politisierung von Privatem bildeten wichtige einende Momente in der Neuen Frauenbewegung, die aufgrund ihrer sozialen und inhaltlichen Heterogenität zu Recht als „fluides Phänomen"[1] bezeichnet worden ist. Am Beispiel des Frauenforums München soll eine Innenansicht frauenbewegten Engagements geboten werden, die die Vielfalt feministischer Theorie und Tatkraft, aber auch das inhärente Konfliktpotenzial abbildet. Abschließend sollen die partizipatorischen Anstrengungen der autonomen Frauen im Gefüge der (neuen) sozialen Bewegungen verortet werden.

---

[1] Kristina Schulz, Der lange Atem der Provokation. Die Frauenbewegung in der Bundesrepublik und in Frankreich 1968–1976, Frankfurt a.M./New York 2002, S. 23.

2. Das Politik- und Partizipationsverständnis der Neuen Frauenbewegung

„Danke für die Blumen, Rechte wären uns lieber", hieß es in einem Flugblatt[2], das im Frühjahr 1973 zu Zehntausenden in bundesdeutschen Städten verteilt wurde. Mehrere feministische Gruppen demonstrierten damit gegen den Muttertag, um ihn als zweifelhafte Ehre zu entlarven: Der Blumenstrauß zum Muttertag mochte schmeicheln, doch für die Frauengruppen war er ein Symbol für das ungleiche Geschlechterverhältnis, das den Frauen wenig Entfaltungsmöglichkeiten bot – ein Symbol, das für viele Pflichten und Belastungen, aber für wenige Rechte stand. Diese Benachteiligung wollte die Neue Frauenbewegung aufheben und ging deshalb seit dem Ende der 1960er Jahre gegen die „herrschenden Verhältnisse" an.

Dieses Aufbegehren ist Ausdruck der Veränderungsprozesse, die in der Bundesrepublik seit Beginn der „langen" 1960er Jahre immer sichtbarer geworden waren. Auch Geschlechterverhältnisse und traditionelle Rollenbilder wurden nun kritisch hinterfragt. Grundlage hierfür war ein struktureller Wandel[3], der die Diskrepanzen zwischen lebensweltlicher Realität und soziopolitischen Rahmenbedingungen deutlich aufbrechen ließ. Die steigende Frauenerwerbstätigkeit und die Bildungsexpansion etwa eröffneten Frauen und Mädchen zwar neue Lebenswege, ließen aber auch Widersprüche und Barrieren deutlicher zu Tage treten. Der Regierungswechsel zur sozialliberalen Koalition und das Brandtsche Diktum „Mehr Demokratie wagen" versprachen zu Beginn der 1970er Jahre Mitbestimmung und Reformen, wobei nicht zuletzt das verfassungsrechtliche Gleichberechtigungsgebot und die Vorstellung der Partnerschaft zwischen Frau und Mann auf der Tagesordnung standen[4].

Vor diesem Hintergrund stellte die Neue Frauenbewegung die Lage der weiblichen Bevölkerung auf den Prüfstand und zeigte dabei ein eigenes Verständnis von Politik. Dies betraf sowohl die Themen, denen politische Bedeutung beigemessen wurde, als auch die Art und Weise, in der die Neue Frauenbewegung Politik

---

[2] Das Flugblatt ist abgedruckt in: Information des Frauenforum München 3 (1973), S. 9f.
[3] Vgl. hierzu den Beitrag von Michael Schwartz in diesem Band.
[4] Vgl. etwa Motive und Leitbilder bei familienpolitischen Maßnahmen in: Christiane Kuller, Familienpolitik im föderativen Sozialstaat. Die Formierung eines Politikfeldes in der Bundesrepublik 1949–1975, München 2004, hier v.a. S. 339–343.

betrieb. Hinter dem Slogan „Das Private ist politisch" verbarg sich Kritik an einer gesellschaftliche Ordnung, die auf den Dichotomien männlich – weiblich, öffentlich – privat aufbaute und diese Kategorien unterschiedlich bewertete. Aus Sicht der Feministinnen band diese Ordnung die Frauen an die häusliche Sphäre und an die Rolle als Ehefrau, Hausfrau und Mutter. Dies degradiere sie zu einem Anhängsel der Männer und dränge sie an den Rand des öffentlichen Bereichs; Frauen könnten deshalb über ihre Bedürfnisse nicht selbst bestimmen und seien ungeachtet ihrer Leistungen abhängig, unterdrückt und ausgebeutet. Die Neue Frauenbewegung wollte diese verborgenen Machtbeziehungen im Verhältnis der Geschlechter aufdecken und setzte deshalb Themen wie Sexualität, geschlechtsspezifische Arbeitsteilung oder Gewalt gegen Frauen auf ihre politische Agenda. So verlangte das Muttertagsflugblatt auch kostenlose Verhütungsmittel, straffreien Schwangerschaftsabbruch, die gleiche Verantwortung beider Elternteile für Erziehung und Hausarbeit und die Elternzeit – damals „bezahltes Babyjahr".

Die Neue Frauenbewegung machte damit vermeintlich private Angelegenheiten zum Politikum und focht davon ausgehend gegen die Diskriminierung von Frauen in der Öffentlichkeit. Wenn das Muttertagsflugblatt etwa ungerechte Entlohnung oder ungleiche Berufs- und Bildungschancen beanstandete, richtete sich dies vor allem gegen traditionelle Vorstellungen von Politik, die nach feministischem Standpunkt als institutionenbezogenes öffentliches Handeln die Hierarchien zwischen den Geschlechtern und den ihnen zugeteilten Wirkungsfeldern festschrieb. Die Neue Frauenbewegung trat deshalb bewusst mit eigener Stimme außerhalb bestehender Organisationen und in Opposition zur etablierten Politik auf. Sie stellte damit eine alternative Form politischen Engagements dar, zu der Frauen ohne große Mühen Zugang finden konnten. Die vielgestaltige Ausprägung von frauenbewegtem Aktionismus war bereits in der Logik feministischen Denkens angelegt, derzufolge schon die Veränderung der privaten Lebensumstände zugunsten von Frauen einer politischen Handlung gleichkommen konnte.

Die Neue Frauenbewegung verstand sich als Protestbewegung, die ihr Umfeld provozieren und ein Umdenken herbeiführen wollte. Dies zeigte sich bereits bei der Formierung der Neuen Frauenbewegung, die sich in der Bundesrepublik einerseits im Milieu der außerparlamentarischen Opposition, andererseits über die Frage nach der eigenständigen Entscheidung über Schwangerschaft und Abtreibung vollzog: Als im September 1968 auf einer Delegiertenkonferenz des Sozialistischen Deutschen Studentenbunds (SDS) die Anliegen der Gruppe „Aktionsrat zur Befreiung der Frauen" nicht beachtet wurden, wurde das Desinteresse der männlichen Genossen zunächst mit Tomaten, dann mit der Gründung eigener Frauengruppen innerhalb studentischer Kreise quittiert[5].

Druck übte auch die „Aktion 218" aus; diese Kampagne erlangte ab 1971 bundesweite Bedeutung, als sie sich mit verschiedenen Aktivitäten – von Unterschriftensammlungen bis hin zu organisierten Kirchenaustritten oder Fahrten in ausländische Kliniken – für die ersatzlose Streichung des Abtreibungsparagrafen aus dem Strafgesetzbuch einsetzte. Diese Forderung war für die Mobilisierung von Frauen bedeutsam, auch wenn sie 1975/76 nicht in dieser Form Niederschlag in der Gesetzgebung fand. Schon die frühe feministische Traditionsbildung sah deshalb in der „Aktion 218" häufig den „eigentlichen Schmelztiegel für das Entstehen der Neuen Frauenbewegung"[6], da sie Frauen alters- und schichtübergreifend integrierte und so aus den eher kleinen universitären Zirkeln heraustreten konnte.

Neben den Versuchen, auf politische Entscheidungen Einfluss zu nehmen, stand die Neue Frauenbewegung aber auch für eine Ideen- und Denkwelt, die über die Analyse der Ursachen weiblicher Diskriminierung Alternativen zur bestehenden Ordnung entwarf. Zentral war dabei die von der Philosophie Simone de Beauvoirs geleitete Vorstellung, wonach Frau-Sein nicht von der Natur, sondern von der (männlich dominierten) Zivilisation bestimmt werde, und damit ein Konstrukt sei, das verändert werden könne. Dieses auf Gestaltung ausgerichtete Denkmodell wurde in der Praxis in eine Gegenöffentlichkeit überführt, die sich im Lauf der 1970er Jahre immer mehr ausdifferenzierte und aus feministischen Schriften ebenso bestand wie aus Frauenzentren oder den Frauen-Sommer-Universitäten in Berlin. Hier wurden Medien und Orte geschaffen, an denen marginalisiertes Wissen und feministische Sichtweisen kommuniziert und Wege zur weiblichen Selbstbestimmung erprobt wurden. Mit dem feministischen Protest und der daraus resultierenden Etablierung einer (Sub)Kultur ging ein Bewusstseinswandel einher, der auf die Solidarität unter den Frauen abzielte und sie ermutigte, die eigenen, verinnerlichten Einstellun-

---

[5] Vgl. Gisela Notz, Warum flog die Tomate? Die autonomen Frauenbewegungen der Siebzigerjahre. Entstehungsgeschichte, Organisationsformen, politische Konzepte, Neu-Ulm 2006, v.a. S. 12–33.
[6] Herrad Schenk, Die feministische Herausforderung. 150 Jahre Frauenbewegung in Deutschland, München 1980, S. 87.

gen und Lebensweisen zu hinterfragen. Zusammengehörigkeitsgefühl, Meinungsbildung und Protest waren wichtige Pfeiler für frauenbewegtes Engagement. „Feminismus", so schrieb Alice Schwarzer 1975, „wird da konkret, wo zwei, drei Frauen zusammen reden und handeln! Wo Frauen beginnen zu fragen, statt zu gehorchen, zu kämpfen, statt hinzunehmen."[7]

Die Neue Frauenbewegung bot viele Möglichkeiten der Beteiligung und eine Vielzahl von Strategien, die in den 1970er Jahren von der unkonventionellen Partizipation am politischen Prozess über den Aufbau eigener Frauenräume bis hin zur individuellen Suche nach der weiblichen Identität reichten. Dadurch erklärt sich auch ein Charakteristikum der Neuen Frauenbewegung: Sie war ein Gefüge, das aus unzähligen sehr unterschiedlichen Gruppen bestand. Dennoch gelang es ihnen, große Netzwerke zu knüpfen, national wie international.

3. Feministische Theorie und Praxis – eine Innenansicht

Auch das Muttertagsflugblatt ging auf eine Initiative von fünf Gruppen aus Berlin, Köln, Nürnberg und München zurück. Eine von ihnen war das Münchner Frauenforum, dem bereits in den ersten Ansätzen zur Historisierung des Feminismus der 1970er Jahre „eine gewisse Eigenständigkeit"[8] zugeschrieben wurde. Gegründet im Dezember 1971, kurz nachdem studentische „Weiberräte" und die Selbstbezichtigungsaktion in der Bundesrepublik den Boden für einen feministischen Aufbruch bereitet hatten, ging es dem Frauenforum darum, eine breite Lobby zu schaffen. Deshalb wollte es sich laut Satzung „auf überparteilicher und überkonfessioneller Ebene für die Verwirklichung der im Grundgesetz garantierten Gleichberechtigung von Mann und Frau [...] einsetzen" und „die Interessen und Bedürfnisse der berufstätigen Frau, der Hausfrau und Mutter, der ledigen, verheirateten, geschiedenen und der verwitweten Frau ermitteln, artikulieren und vertreten". Trotz unterschiedlicher Lebenslagen betrachtete das Frauenforum das weibliche Geschlecht als Kollektiv, dessen politische Ansprüche bewusst und geltend gemacht werden mussten. Um feministisches Denken und Handeln zu befördern, sah es als seine Aufgabe an,

„die Eigeninitiative der Frau an[zu]regen und alle Bestrebungen [zu] unterstützen, die die materielle Gleichberechtigung und

---

[7] Alice Schwarzer, Der „kleine Unterschied" und seine großen Folgen. Frauen über sich. Beginn einer Befreiung, Frankfurt a.M. ⁵1975, S. 235.
[8] Schenk, Feministische Herausforderung, S. 86.

Emanzipation der Frau und Mutter zum Ziele haben. Der Verein will den Frauen helfen, ohne Bevormundung durch männliche Ideologien, Dogmen, Institutionen und Organisationen ihre eigene Identität in freier demokratischer Selbstbestimmung zu finden."[9]

Das Frauenforum zeichnete sich innerhalb der Neuen Frauenbewegung durch zwei Besonderheiten aus: Zum einen teilte es die weit verbreitete Skepsis gegenüber fester Organisation nicht und gab sich die Struktur eines eingetragenen Vereins, der langfristig zu einer feministischen Gewerkschaft oder Partei ausgebaut werden sollte, um so die Arena etablierter Politik für die eigenen Anliegen zu nutzen. Was sich nach liberaler und systemkonformer Verbandsarbeit anhört, zielte jedoch letztlich darauf, das Gemeinwesen nach neuen Grundsätzen umzugestalten. Ganz in radikalfeministischer Manier wollte das Frauenforum das „allgegenwärtige Patriarchat" abschaffen, das es als Herrschaftssystem definierte, in dem das Recht des Ausbeuters – des Stärkeren in körperlicher, intellektueller und ökonomischer Hinsicht – Gesetz sei. Diese Definition, und das ist die zweite Besonderheit, war ganz bewusst geschlechtsneutral gefasst. Feminismus war im Frauenforum Aufgabe beider Geschlechter, weshalb Frauen wie Männer Mitglied werden konnten. Das Frauenforum hielt die Partnerschaft hoch und wünschte eine „politische und auch geschlechtsbetonte, jedoch nicht geschlechtsspezifisch begrenzte Beziehung" zwischen Männern und Frauen, in der Partei für den Schwächeren ergriffen wurde. Den Schwächeren erblickte das Frauenforum aber hauptsächlich in der weiblichen Bevölkerung, da diese sich infolge von Gebärfähigkeit und Alleinverantwortung für die unbezahlte Haus- und Erziehungsarbeit in der „größeren Abhängigkeit" befinde[10].

Das Frauenforum München trat bis 1975 durch Aktionen und Netzwerkarbeit hervor. In unzähligen Vorträgen und Schulungsabenden, durch Informationsstände und Demonstrationen versuchte der Verein, über die Benachteiligung der Frauen und ihre Überwindung aufzuklären. Zudem wollte der Verein die Kontakte zwischen Frauengruppen fördern und zu ihrer Verständigung beitragen. Diese Netzwerkarbeit wurde insbesondere durch die Zeitschrift des Vereins geleistet, die unter dem Titel „Information des Frauenforum München" beziehungsweise „Frauenforum – Stimme der Feministen" Auskunft gab über Ansprechpartnerinnen und

---

[9] IfZ-Archiv, ED 900/1, Satzung des Frauenforums, o.D. (1971).
[10] Hannelore Mabry, Partnerschaft zwischen Mann und Frau – ein weißer Elefant, in: Frauenforum. Stimme der Feministen 1 (1975), S. 2ff.

Aktivitäten der Bewegung sowie über feministischen Anliegen und Debatten. Das Frauenforum suchte also die Öffentlichkeit – im Wort und auf der Straße – und verschaffte sich Gehör, um den Bedürfnissen von Frauen in Gesellschaft und Politik einen angemessenen Platz zu sichern.

Das Frauenforum, das seinen Sitz in München hatte, aber auch über Untergruppen in anderen Städten wie Göttingen oder Wuppertal verfügte, konnte bis Mitte der 1970er Jahre viele Mitglieder und Sympathisanten gewinnen, vor allem Frauen, aber auch einige Männer. Die Zahl der Sympathisanten reichte von einer Handvoll Besucherinnen und Besuchern der Diskussionsabende bis hin zu etwa 5000 Demonstrantinnen und Demonstranten am „Frauenkampftag", den der Verein zusammen mit anderen Frauengruppen anlässlich des zu erwartenden restriktiven Urteils des Bundesverfassungsgerichts über die Reform des Paragrafen 218 StGB am 25. Februar 1975 in München veranstaltete. Dass feministische Theorie und Praxis auf Interesse stießen, zeigte auch die Zeitschrift des Vereins, deren Auflage bis 1975 auf 7000 stieg. In dieser Zeitschrift präsentierte sich das Frauenforum Anfang 1975 mit 268 Mitgliedern stolz als „die größte Emanzipationsgruppe der BRD" – eine Angabe, die freilich schwer nachzuprüfen ist, da die Frauenbewegung aufgrund ihrer informellen und autonomen Struktur nicht über verlässliche Statistiken verfügte. Das Frauenforum gab auch Aufschluss über die Sozialstruktur seiner Mitglieder und legte damit offen, dass es – wie die Frauenbewegung insgesamt – eine generations- und schichtübergreifende Organisation war. In der Gruppe fanden sich Menschen zwischen 18 und 80 Jahren zusammen, Berufstätige ebenso wie Hausfrauen und Studentinnen. Dass Feminismus keineswegs nur junge, gebildete Frauen und damit Vertreterinnen einer neuen Mittelschicht ansprach, wie dies in der Forschung häufig angenommen wird[11], machen auch Hinweise zur Schullaufbahn der Forumsmitglieder deutlich: Drei Viertel verfügten über einen Volks- oder Realschulabschluss, nur ein Zehntel konnte einen Hochschulabschluss vorweisen. Der Anteil der Männer im Frauenforum lag übrigens bei zehn Prozent[12].

---

[11] Vgl. Roland Roth/Dieter Rucht, Die Veralltäglichung des Protests. Einleitende Bemerkungen zur Wahrnehmung der neuen sozialen Bewegungen in Öffentlichkeit, Politik und Wissenschaft, in: dies. (Hrsg.), Neue soziale Bewegungen in der Bundesrepublik Deutschland, Bonn ²1991, S. 11–28, hier S. 16.
[12] Zur Statistik des Frauenforums München vgl.: Ein Wort in eigener Sache, in: Frauenforum – Stimme der Feministen 1 (1975), S. 1.

Die soziale Zusammensetzung zeigt, dass auch das sprichwörtliche Lieschen Müller in der Neuen Frauenbewegung eine Plattform für politisches Handeln gefunden hatte. Die Statistik des Frauenforums hatte bis Ende 1975 eine stark steigende Tendenz und verzeichnete nach eigenen Angaben schließlich knapp 400 Mitglieder[13]. Der Aktionismus und die Ideen des Vereins fanden also Anklang, auch wenn die Aktivistinnen beispielsweise beim Verteilen des Muttertagsflugblatts durchaus feststellen mussten, dass manche Passanten und Passantinnen „solches Theater" für unangebracht hielten[14]. Was Frauen zu feministischem Engagement bewog, erläuterte Hannelore Mabry, die Gründerin und Vorsitzende des Frauenforums, in einer Rede 1972 folgendermaßen:

„1. Die Probleme und die besonderen Belastungen der berufstätigen Mutter in dieser Gesellschaft – mit denen ich selbst seit 18 Jahren konfrontiert bin.

2. Die wissenschaftliche Analyse der Situation und Rolle der Frau in unserer Gesellschaft – ganz speziell die Rolle der Frau in der Politik.

Dass ich mich an der Universität besonders mit der sogenannten ‚Frauenfrage' beschäftigte – das hat sicher nicht zuletzt seine Ursache darin, dass ich erst mit 36 Jahren das Studium begann – also nachdem ich die Diskriminierung der Frau in der Familie – im Berufsleben – im Steuer-, Arbeits-, und Familienrecht seit langem in der Praxis beobachtet und erlebt hatte."[15]

Mabrys frauenpolitische Betätigung basierte auf zwei Motiven: Zum einen auf ihrer Arbeit als Soziologin, wobei sie eine mangelhafte parlamentarische Vertretung von Frauen konstatierte und dies entsprechend feministischer Grundüberzeugungen auf die geschlechtliche Arbeitsteilung „Frau im Haus – Mann außer Haus" zurückführte, die Frauen und frauenspezifische Themen auch in der Öffentlichkeit marginalisiere[16]. Zum anderen verwies Mabry auf die eigene Betroffenheit und auf negative Erfahrungen, die sie mit vielen Unterstützerinnen und Unterstützern des Frauenforums teilte: der Mutter, die alleinerziehend und ohne Unterhalt ihr

---

[13] Vgl. Hannelore Mabry, Theorie und Praxis des Frauenforum, in: Frauenforum – Stimme der Feministen 3 (1975), S. 18–23, hier S. 20.

[14] Danke für die Blumen – Rechte wären uns lieber!, in: Information des Frauenforum München 3 (1973), S. 8–11, hier S. 11.

[15] Bericht über die erste Großveranstaltung des Frauenforums München am 7. Juni 1972 im Schwabingerbräu, in: Information des Frauenforum München e.V. 1 (1972), S. 4.

[16] Vgl. Hannelore Mabry, Unkraut ins Parlament. Die Bedeutung weiblicher parlamentarischer Arbeit für die Emanzipation der Frau, Gießen ²1974.

Leben nur schwer bestreiten konnte, dem Lehrer, der gegen einen Unterricht vorging, der allein die Mädchen auf Kindererziehung und Hauswirtschaft vorbereitete, oder der Krankenschwester, die sich über den Abtreibungsparagrafen erboste, der die Frauen in die Hände von Kurpfuschern treibe[17]. Das Eigenerlebnis schwieriger Situationen und konkrete Diskriminierungserfahrungen nährten also den Widerspruch. Zustände, die zunehmend als anachronistisch und menschenunwürdig empfunden wurden, machte Frauen ungeduldig und riefen sie zum Handeln auf.

Der Traum von der feministischen Bewusstseinsbildung und einer „Frauengroßorganisation" stieß jedoch an Grenzen. Es zeigte sich, dass feministisches Engagement trotz Themenvielfalt und offener Strukturen mit Schwierigkeiten verbunden war. Arbeitsüberlastung, Geldmangel, hohe Fluktuation und unterschiedliche Erwartungen der Mitglieder an frauenbewegtes Arbeiten stellten den Zusammenhalt im Verein immer wieder auf harte Proben. Im Laufe des Jahres 1975 kam es zum Streit. Stein des Anstoßes war der Führungsstil der Vorsitzenden, den viele Mitglieder als autoritär und dirigistisch ansahen. Hannelore Mabry, die sich ganz und gar dem Feminismus verschrieben hatte, verlangte von ihren Mitstreitenden ein Maß an Einsatz, das viele nicht zu leisten vermochten. Auch nach außen wirkte Mabry trotz ihres Anspruchs, die Frauenbewegung zu einen, häufig wenig integrierend, wenn sie die Strategie des Frauenforums absolut setzte und andere Gruppen als fehlgeleitet, uneffektiv oder gar unpolitisch brandmarkte. Tatsächlich ist es aber weniger einzelnen Akteurinnen anzulasten, dass sich die Neue Frauenbewegung ab Mitte der 1970er Jahre immer stärker differenzierte und Konflikte dabei nicht ausblieben. Feministische Interessenpolitik im Verbund mit Männern, wie das Frauenforum sie vertrat, war nur eine von vielen Strömungen der Neuen Frauenbewegung, die sich mehr durch Vielstimmigkeit als durch Einstimmigkeit auszeichnete. Die Heterogenität von Akteurinnen und Aktionsfeldern verlieh dem gemeinsamen Ziel der „Frauenbefreiung" viele Gesichter: feministischer Marxismus, hierarchie- und männerfreie Autonomie, Selbsterfahrung, Selbsthilfe, Frauenliebe oder Frauenprojekte standen hier nebeneinander. Der Weg zur Frauenbefreiung war also umstritten. Dies sei, so die Historikerin Gisela Bock, kein Wunder „angesichts der unterschiedlichen und oft kontrastierenden Prioritäten einer Bewegung, die ebenso sehr

---

[17] Leserbriefe, in: Information des Frauenforum München e.V. 1 (1972) und 1 (1973), S. 23 und S. 20 sowie Frauenforum – Stimme der Feministen 2 (1975), S. 36f.

mit dem Anspruch auftrat, für alle Frauen zu sprechen, [...] als sie auf Individualisierung, Subjektwerdung, Subjektivität und Raum zur Selbstentfaltung insistierte"[18].

Der Streit im Frauenforum endete mit dem Austritt vieler Mitglieder, der Abwahl der Vorsitzenden und Prozessen über die Rechtmäßigkeit dieses Vorgangs und den Besitz des Vereins. Fortan gingen das Frauenforum und Hannelore Mabry getrennte Wege. Während sich das Forum basisdemokratisch organisierte und sich vor allem in der Diskussion „Lohn für Hausarbeit" einschaltete, gründete Mabry einen neuen Verein, den Förderkreis zum Aufbau der Feministischen Partei, und führte die Vereinszeitschrift – nun unter dem Titel „Der Feminist. Beiträge zu Theorie und Praxis" – fort. Beide Gruppen waren jedoch nicht in der Lage, in Größe und Einfluss an die Zeit vor 1975 anzuknüpfen.

4. Die Neue Frauenbewegung zwischen Korrektur und Richtungsvorgabe

Die Neue Frauenbewegung war ein Teil der neuen sozialen Bewegungen, die in der Bundesrepublik seit den 1970er Jahren in Erscheinung traten. Sie drängte auf Reformen, meldete Inklusionsansprüche an und forderte die Beseitigung negativer Folgen des gesellschaftlichen Wandels. In dieser Hinsicht bildeten Frauen-, Friedens- oder Umweltaktivismus „Komplemente und Korrektive etablierter Institutionen"[19]. Allerdings sind die partizipatorischen Anstrengungen der Neuen Frauenbewegung damit nicht ausreichend charakterisiert, denn sie war zudem eine Stimme im Diskurs über die Funktionsmechanismen der bürgerlichen und kapitalistischen Moderne[20]. Dies zeigte sich zum einen daran, dass sich die feministischen Strömungen der 1970er Jahre nicht allein auf die lokale oder nationale Ebene beschränkten, sondern ein grenzüberschreitendes Phänomen der westlichen Welt waren. Zum zweiten reichte frauenbewegtes Engagement in Deutschland bis ins 19. Jahrhundert zurück und brachte trotz aller Brüche Rechte für

---

[18] Gisela Bock, Frauen in der europäischen Geschichte. Vom Mittelalter bis zur Gegenwart, München 2000, S. 323.
[19] Dieter Rucht, Gesellschaft als Projekt – Projekte in der Gesellschaft. Zur Rolle sozialer Bewegungen, in: Ansgar Klein/Hans-Josef Legrand/Thomas Leif (Hrsg.), Neue soziale Bewegungen. Impulse, Bilanzen und Perspektiven, Opladen 1999, S. 15–27, hier S. 18f.
[20] Vgl. Regina Dackweiler/Reinhild Schäfer, Lokal – national – international. Frauenbewegungspolitik im Rück- und Ausblick, in: Klein/Legrand/Leif (Hrsg.), Neue soziale Bewegungen, S. 199–225, hier S. 215.

Frauen mit sich, die sie als gleichberechtigte (Staats)Bürgerinnen anerkannten, was sich im Grundgesetz vor allem in Artikel 3 niederschlug.

Die Neue Frauenbewegung baute auf dieser Entwicklung, wenn auch anfangs unbewusst, auf, als sie danach fragte, warum die Verfassungswirklichkeit schwer mit dem Prinzip der Gleichberechtigung in Einklang zu bringen war. Wenn Gruppen wie das Frauenforum München die Lebensverhältnisse der weiblichen Bevölkerung in Wort und Tat skandalisierten, ging es auch um Rechte: das Recht auf freie Rede, das Recht auf Gleichberechtigung, das Recht auf die Freiheit der Wahl. Dahinter stand allerdings nicht nur das Ansinnen, über politische Reformen die Gleichstellung der Frauen zu erreichen. Vielmehr setzten sich Feministinnen gegen stereotype Geschlechterbilder und archaische Rollenzuschreibungen zur Wehr und verlangten eine Aufwertung aller Arbeits- und Lebensbereiche, die mit Reproduktion zusammenhingen, um ein gesellschaftliches Umdenken herbeizuführen. So sollten die sozialen und kulturellen Voraussetzungen für ein selbstbestimmtes und emanzipiertes Leben geschaffen werden. Mit Blumen gab sich die Neue Frauenbewegung nicht zufrieden.

Eva Sänger
Frauenbewegung in der DDR
Gegenöffentlichkeiten und Unrechtserfahrungen informeller Frauengruppen in den 1980er Jahren

1. Einleitung

Frauenbewegungen beziehungsweise -organisationen partizipieren nicht nur politisch, sondern sind entscheidend daran beteiligt, neu zu definieren, was eigentlich politisch ist. Diese (Neu-)Definition des Politischen geht oftmals mit der Thematisierung von Unrechtserfahrungen einher. Ute Gerhard zufolge ist die kollektive Unrechtserfahrung ein zentraler Anlass für die Entstehung von Frauenbewegungen in der Moderne. Bei einer Unrechtserfahrung kann es sich um den Ausschluss von Entscheidungsprozessen wie die Vorenthaltung des Wahlrechts handeln, um die Begrenzung von Handlungsräumen durch den Ausschluss von Orten und aus kulturellen Repräsentationen oder um die Verletzung körperlicher und psychischer Integrität[1].

Auch Frauen in der DDR schlossen sich in den 1980er Jahren aufgrund von Unrechtserfahrungen zu eigenen Bewegungs- und Organisationsformen zusammen. Die Geschichte der ostdeutschen Frauenbewegung lässt sich in drei Phasen unterteilen[2]. Die „informelle Phase" oder „Konstituierungsphase" dauerte von 1982 bis Herbst 1989; damals formierten sich neue Frauengruppen, die eigene Zeitschriften herausbrachten und miteinander vernetzt waren. Im Herbst 1989 begann die „Mobilisierungs- oder Aufbruchphase". Sie endete mit der Volkskammerwahl vom 18. März 1990. In dieser Phase wurde der Unabhängige Frauenverband (UFV) gegründet, die erste nichtstaatliche, feministische Interessenorganisation in der DDR. Die dritte Phase, die „Ausdifferenzierungsphase", die nach der Volkskammerwahl begann, war durch den Aufbau einer Gegenkultur gekennzeichnet. Deren Akteurinnen übten – feministischen

---

[1] Ute Gerhard, Die „langen Wellen" der Frauenbewegung. Traditionslinien und unerledigte Anliegen, in: dies., Atempause. Feminismus als demokratisches Projekt, Frankfurt a.M. 1999, S. 12–38, hier S. 28ff.
[2] Vgl. im Folgenden Ingrid Miethe, Frauenbewegung in Ostdeutschland. Angekommen in gesamtdeutschen Verhältnissen?, in: beiträge zur feministischen theorie und praxis 54 (2000), S. 9–23.

und frauenpolitischen Zielen verbunden – in Parteien, Gewerkschaften, Universitäten und Verbänden Einfluss aus.

Aufgrund welcher Unrechtserfahrungen entstanden die verschiedenen Strömungen der nichtstaatlichen Frauengruppen? Da diese Frauengruppen auch auf die Aufklärung und Beeinflussung der Bevölkerung zielten, ist zu diskutieren, welche Funktion Öffentlichkeit in der DDR hatte. These des Beitrags ist, dass unter den Bedingungen offizieller Öffentlichkeiten[3] die Benennung von Unrechtserfahrungen in den Gruppen nicht nur eine Voraussetzung für öffentlichkeitsorientierte Strategien war, sondern bereits selbst eine politische Funktion hatte. Im Anschluss daran soll kurz der Kontext erläutert werden, in dem sich der UFV gründete. Zudem sind Unrechtserfahrungen zu benennen, die für die Gründerinnen relevant waren. Abschließend soll auf die politische Teilhabe des UFV am Zentralen Runden Tisch der DDR und an den Volkskammerwahlen eingegangen werden.

2. Das Spektrum informeller Frauengruppen in der DDR

Weder Frauen noch Männer hatten in der DDR die Möglichkeit, an demokratischen Willensbildungs- und Entscheidungsprozessen mitzuwirken oder diese zu beeinflussen. Handlungsleitende Maxime des SED-Regimes war die marxistisch-leninistische Auffassung, dass die Partei beziehungsweise der Staat mit der Arbeiterklasse identisch sei. Diese Auffassung schloss Interessenpluralität aus, und die SED legitimierte damit ihren Führungsanspruch als Avantgarde der Arbeiterklasse und als „Vollstreckerin" des „real existierenden Sozialismus" unter Erich Honecker. Staatsunabhängige Vereinigungen waren verboten. Die Interessen von Frauen wurden offiziell vom Demokratischen Frauenbund Deutschlands (DFD) vertreten, der 1987 rund 1,5 Millionen Mitglieder hatte. Von einer eigenständigen Interessenvertretung oder selbstbestimmter Partizipation konnte hier aber kaum die Rede sein: Der DFD war eine zentralistisch organisierte Massenorganisation, die den Führungsanspruch der SED anerkannte und die Richtlinien der Partei umsetzte[4].

---

[3] Zum Begriff der offiziellen Öffentlichkeit vgl. Gábor T. Rittersporn/ Malte Rolf/Jan C. Behrends, Von Schichten, Räumen und Sphären. Gibt es eine sowjetische Ordnung von Öffentlichkeiten? Einige Überlegungen in komparativer Perspektive, in: dies. (Hrsg.), Sphären von Öffentlichkeit in Gesellschaften sowjetischen Typs. Zwischen parteistaatlicher Selbstinszenierung und kirchlichen Gegenwelten, Frankfurt a.M. 2003, S. 389–421, hier S. 408.
[4] Vgl. u.a. Elke Mocker, Demokratischer Frauenbund Deutschlands (1947–1989). Historisch-systematische Analyse einer DDR-Massenorganisation. Dis-

Der Gründung unabhängiger Frauengruppen Anfang der 1980er Jahre war die Entstehung von Friedensgruppen unter dem Dach der evangelischen Kirche vorangegangen, die die Stationierung von Atomraketen in der DDR und die militärische Aufrüstung im Systemwettstreit kritisieren und – zum Beispiel durch die Verteilung von Aufnähern – landesweit in Erscheinung traten. Nach den Schätzungen von Samirah Kenawi existierten in der DDR der 1980er Jahre insgesamt 100 Frauengruppen, die verschiedenen Strömungen angehörten[5].

Mit der Gründung eigener Gruppen reagierten die Frauen generell auf männliche Dominanz, wobei sie sich in ihren Zielen und Themen zum Teil sehr deutlich voneinander unterschieden. Kollektiven weiblichen Protest rief das neue Wehrdienstgesetz vom 25. März 1982 hervor, das die Heranziehung von Frauen im Falle der Mobilmachung für Aufgaben in der Armee vorsah. In Friedensgruppen organisierte Frauen verfassten eine gemeinsame Eingabe an den Staatsratsvorsitzenden der DDR. Im Fahrwasser dieser Aktion gründeten sich in mehreren Städten und Bezirken Frauengruppen, so in Ostberlin, Halle, Magdeburg, Dresden und Weimar. Die „Frauen für den Frieden" kritisierten das Wettrüsten und die Militarisierung der Gesellschaft. Inspiriert von den Ideen des tschechischen Dissidenten Václav Havel sahen sie darin ein Verbrechen an der Menschheit, ein Unrecht, für das sie sich verantwortlich fühlten. Die Übernahme von Verantwortung war für die Frauen ein zentrales Handlungsprinzip, das sie verpflichtete, sich gegen jede Form von Machtanspruch zu verwahren. Ulrike Poppe, eine der Gründerinnen der Ostberliner „Frauen für den Frieden", schilderte in ihrer Grußadresse an eine Gruppe in Berlin-Zehlendorf die politisch-persönliche Emanzipation der Frauen. Die Befreiung aus traditionellen Geschlechterbeziehungen sah sie zugleich als Voraussetzung und Ziel dafür an, politische Mündigkeit und Selbstverantwortung zu entwickeln:

„Vor Jahren ist bei uns ein Prozeß in Gang gekommen, den man als ein ‚Erwachsenwerden' bezeichnen könnte. Herausgefordert durch ein bisher noch nie dagewesenes Maß an existentieller Bedrohung für die gesamte Menschheit treten mehr

---

sertation am Fachbereich Politische Wissenschaft der FU Berlin 1991 (Mikrofiche-Ausgabe 1992); Barbara Koelges, Der Demokratische Frauenbund. Von der DDR-Massenorganisation zum modernen politischen Frauenverband, Wiesbaden 2001.
[5] Vgl. Samirah Kenawi, Frauengruppen in der DDR der 80er Jahre. Eine Dokumentation, Berlin 1995, S. 21.

und mehr Menschen heraus aus der ihnen aufgezwungenen Rolle politischer Unmündigkeit und des Gehorsams, um eigene Wege aus der Gefahr zu suchen. Für uns Frauen bedeutet dies gleichzeitig die Loslösung von unseren traditionellen Zwängen [...]. Sich für die eigenen Worte und Handlungen in jeder Situation verantwortlich zu fühlen, besonders in einer Struktur, in der alles zentralistisch angewiesen und ‚verantwortet' wird, jede Gelegenheit zu nutzen, seine eigenen Ansprüche dem geforderten Loyalitätsbeweis entgegenzusetzen, heißt, menschliche Würde zu bewahren. Und das hat nicht nur moralische, sondern auch politische Bedeutung, da es sich gegen jeden autoritären Machtanspruch wendet."[6]

Auch aktive Christinnen bildeten eigene Netzwerke und Gruppen, da sie sich mit ihren Themen und Anliegen in der evangelischen Kirche nicht repräsentiert fühlten. Kirchliche Mitarbeiterinnen unterstützten sich gegenseitig bei der Gemeindearbeit, so zum Beispiel im Rahmen des innerkirchlichen Treffens „Feministische Werkstatt Hirschluch". Der überregionale Arbeitskreis „Feministische Theologie" diente dem Austausch zwischen Theologinnen und theologisch interessierten Frauen über Ansätze feministischer Theologie, die aus den USA und Westdeutschland in die DDR gelangt waren[7].

Lesbische Frauen beteiligten sich zunächst in den gemischtgeschlechtlichen kirchlichen „Arbeitskreisen Homosexualität", zu denen auch Nichtkirchenmitglieder zugelassen waren. Gemeinsam mit schwulen Männern setzten sie sich für eine Verbesserung der Situation Homosexueller ein und versuchten, pathologisierenden Sichtweisen auf gleichgeschlechtliche Beziehungen entgegenzutreten. Dass sie mit ihren Anliegen auf den Widerstand schwuler Männer trafen, war eine wichtige Motivation für die Frauen, sich eigenständig zu organisieren. Zudem hatten sie den Wunsch, sich mit der eigenen Situation in einem geschützten Raum auseinanderzusetzen und sich mit anderen betroffenen Frauen auszutauschen[8].

---

[6] Robert Havemann Archiv, Berlin, Irena Kukutz: Widerstehen... Frauenprotest im Kalten Krieg, unveröffentlichtes Manuskript, Dokument 26: Grußadresse von Ulrike Poppe an die „Frauen für den Frieden" Berlin-Zehlendorf vom 13.7.1984.
[7] Vgl. Samirah Kenawi, Zwischenzeiten. Frauengruppen in der DDR zwischen östlicher Bürger- und westlicher Frauenbewegung, in: Bernd Gehrke/Wolfgang Rüddenklau (Hrsg.), ... das war doch nicht unsere Alternative. DDR-Oppositionelle zehn Jahre nach der Wende, Münster 1999, S. 154–167.
[8] Vgl. Eva Sänger, Begrenzte Teilhabe. Ostdeutsche Frauenbewegung und Zentraler Runder Tisch in der DDR, Frankfurt a.M. 2005, S. 103ff.

Die Strategien der meisten Frauengruppen waren darauf ausgerichtet, mit ihren jeweiligen Anliegen eine breitere Öffentlichkeit zu erreichen. Einige Gruppen lesbischer Frauen beispielsweise veranstalteten deshalb mehrfach eine Sendung im Rahmen der Ratgeber-Reihe „Mensch Du" des Jugendradios DT 64 und nahmen an öffentlichen Lesungen teil. Die Berliner Gruppe „Lesben in der Kirche" legte bei einem Besuch des Konzentrationslagers Ravensbrück einen Kranz nieder, um an die dort ermordeten lesbischen Frauen zu erinnern[9]. Gerade die Frauenfriedensgruppen versuchten immer wieder, andere Menschen aus ihrer Gleichgültigkeit gegenüber nuklearer Aufrüstung, Krieg und Umweltverschmutzung zu wecken. Sie verteilten beispielsweise schwarz gekleidet Handzettel auf der Straße, organisierten Klagegottesdienste und protestierten bei Veranstaltungen von Partei und Massenorganisationen.

3. Frauengruppen als soziale Erfahrungsräume und Gegenöffentlichkeiten in der späten DDR

Aus der Perspektive der sozialwissenschaftlichen Forschung über neue soziale Bewegungen scheint dieses Engagement zunächst relativ wenig Wirkung gezeigt zu haben, weil es den Frauengruppen nicht gelang, die Massen zu mobilisieren. Dabei muss allerdings der Herrschaftscharakter der DDR berücksichtigt werden: Solche Aktionen hatten in einem autoritären Regime[10] wie der DDR in den 1980er Jahren eine andere Bedeutung als in demokratischen Ländern wie etwa der Bundesrepublik, wo es eine öffentliche Sphäre gab, in der Versammlungs-, Meinungs- und Demonstrationsfreiheit garantiert war. In der DDR galten schon geringfügige Abweichungen von offiziell erwünschten Verhaltensweisen als Politikum[11]. Ideal-

---

[9] Vgl. Samirah Kenawi, Konfrontation mit dem DDR-Staat. Politische Eingaben und Aktionen von Lesben am Beispiel Ravensbrück, in: Gabriele Dennert/Christian Leidinger/Franziska Rauchut (Hrsg.), In Bewegung bleiben. 100 Jahre Politik, Kultur und Geschichte von Lesben, Berlin 2007, S. 118–121.
[10] Zur Begriffsklärung vgl. Hans-Joachim Lauth, Regimetypen. Totalitarismus – Autoritarismus – Demokratie, in: ders. (Hrsg.), Vergleichende Regierungslehre. Eine Einführung, Wiesbaden 2006, S. 91–112. Zur Kennzeichnung der DDR unter Honecker als autoritäres Regime vgl. Virginia Stefanie Gerlach, Staat und Kirche in der DDR, Frankfurt a.M. 1999, S. 225. Zur Auseinandersetzung mit der Totalitarismustheorie vgl. Ralph Jessen, DDR-Geschichte und Totalitarismustheorie, in: Berliner Debatte Initial 4/5 (1995), S. 17–24.
[11] Vgl. u.a. Detlef Pollack, Politischer Protest. Politisch alternative Gruppen in der DDR, Opladen 2000, S. 56f.

typisch gewährleistet Öffentlichkeit die Pluralität der Meinungen, eine Vielfalt der Interessenartikulation und herrschaftsfreie Kommunikation. Die vorherrschende Form der Öffentlichkeit in der DDR kann – daran gemessen – als „Scheinöffentlichkeit"[12] und als „reglementierende und kontrollierende verordnete Öffentlichkeit"[13] charakterisiert werden, da von der SED-Linie abweichende Meinungen rigoros ausgeschlossen wurden. Darüber hinaus ist hervorzuheben, dass die wesentliche Funktion von Öffentlichkeit im Machterhalt der SED bestand und der Darstellung von Herrschaft diente. Öffentlichkeit hatte in der DDR also in erster Linie eine herrschaftslegitimierende und -repräsentierende Funktion und war damit eine offizielle Öffentlichkeit. Auch wenn die Mobilisierungsfähigkeit der Frauengruppen aufgrund staatlicher Repression und der Einschränkung aller bürgerlichen Grundrechte gering war, ist Folgendes zu betonen: Alle informellen Frauengruppen stellten durch die faktische Inanspruchnahme von Meinungs- und Versammlungsfreiheit das parteistaatliche Monopol auf den öffentlichen Raum und auf die Definition und die Repräsentation der Interessen von Frauen in Frage.

Die Gruppen konstituierten soziale Erfahrungsräume und erfüllten damit eine wichtige Funktion. Sie beförderten die reflexive und hierarchiefreie Kommunikation und eine alternative politische Sozialisation, die auf die Solidarität unter Frauen ausgerichtet war. Die Friedensfrauen nutzten die Gruppen als emotionalen Rückhalt, der es ihnen ermöglichte, sich für ihre vom Verantwortungsprinzip geleiteten friedens- und umweltpolitischen Überzeugungen öffentlich einzusetzen. Den lesbischen Frauen halfen die Gruppen bei der identitätsbasierten Auseinandersetzung mit der Diskriminierung und dem *Coming Out*. So entstanden in den Gruppen relativ geschützte[14] Räume, in denen Unrechtserfahrungen erkannt und bearbeitet werden konnten, und in denen es möglich war, neue politische Erfahrungen zu sammeln. Hier bot sich eine

---

[12] Patrik von zur Mühlen, Aufbruch und Umbruch in der DDR. Bürgerbewegungen, kritische Öffentlichkeit und Niedergang der SED-Herrschaft, Bonn 2000, S. 16.
[13] Stefan Wolle, Die heile Welt der Diktatur. Alltag und Herrschaft in der DDR 1971–1989, Bonn 1999, S. 135.
[14] Insbesondere die Ostberliner „Frauen für den Frieden" wurden von der Stasi überwacht. Gruppenintern war der Zusammenhalt der Frauenfriedensgruppen durch den Verdacht auf IM-Tätigkeit und die Möglichkeit der Ausreise von Frauen gefährdet. Vgl. Ingrid Miethe, Frauen in der DDR-Opposition. Lebens- und kollektivgeschichtliche Verläufe in einer Frauenfriedensgruppe, Opladen 1999, S. 253.

Gelegenheit, jenseits der Staatsdoktrin, die die Frauenfrage als gelöst und die DDR als einen antifaschistischen Friedensstaat ansah, über Geschlechterbeziehungen, Kindererziehung oder Krieg und Frieden zu diskutieren. Hier wurden Themen, die offiziell nicht existierten, wie die Umweltverschmutzung oder die nichtpathologische Existenz gleichgeschlechtlicher Lebensweisen, überhaupt erst zur Sprache gebracht.

Der Gegensatz von offiziellen und informellen Sphären zählt zu den gesellschaftlichen Strukturmerkmalen der späten DDR. Neben den offiziellen Handlungskontexten existierten auf der familiären Ebene, in Betrieben und Parteiorganisationen informelle Austausch- und Kommunikationsstrukturen, die sowohl zweckorientiert als auch gemeinschaftsstiftend waren[15]. So vollzog sich zwar ein „privater" Meinungs- und Erfahrungsaustausch jenseits der offiziellen Kommunikationsstrukturen, allerdings geschah dies immer in Abhängigkeit von ihnen. Die informelle Sphäre war daher äußerst fragmentiert. Als Gegenöffentlichkeiten fungierten die jährlich stattfindenden landesweiten Frauengruppentreffen, Kirchentagstreffen, regionale Workshops und die von den Frauengruppen herausgegebenen Samisdat-Zeitschriften wie „Lila Band", „Das Netz" und „frau anders"[16]. Damit erweiterten die Frauengruppen zivilgesellschaftliche Handlungsräume und hatten eine politische Funktion, da sie – unter den Bedingungen offizieller Öffentlichkeit – Unrechtserfahrungen benannten, ohne allerdings angesichts der stabilen Machtverhältnisse in der DDR der 1980er Jahre eine realistische Chance auf Mobilisierung der Bevölkerung zu haben. Jedoch stellten die alternativen politischen Identitäten und die miteinander vernetzten Gruppen eine entscheidende Voraussetzung für die Gründung des Frauenverbands im Winter 1989 dar. Insbesondere das Netzwerk der informellen Lesbengruppen trug dazu bei, dass der Berliner Aufruf zur Gründung eines Frauenverbands landesweit viele interessierte Frauen erreichte, die sich bereits mit Frauen-

---

[15] Vgl. Detlef Pollack, Die konstitutive Widersprüchlichkeit der DDR. Oder: War die DDR-Gesellschaft homogen?, in: GuG 24 (1998) H. 1, S. 110–232, hier S. 121 ff.; Ralph Jessen, Die Gesellschaft im Staatssozialismus. Probleme einer Sozialgeschichte der DDR, in: GuG 21 (1995) H. 1, S. 96–110, hier S. 103 ff.

[16] Vgl. zu der im Selbstverlag illegal herausgegebenen Zeitschrift der informellen Lesbengruppen Eva Sänger, „Lieber öffentlich lesbisch als heimlich im DFD". Die Samisdat-Publikation „frau anders" in der DDR 1988/89, in: Susanne Lettow/Ulrike Manz/Katja Sarkowsky (Hrsg.), Öffentlichkeiten und Geschlechterverhältnisse. Erfahrungen, Politiken, Subjekte, Königstein/Ts. 2005, S. 159–183.

fragen auseinandergesetzt hatten und ihre moralischen Überzeugungen und zivilethischen Handlungsorientierungen in Politik umsetzen wollten.

4. Politische Partizipation des UFV in der Endphase der DDR

Durch die Öffnung der ungarischen Grenze zu Österreich und die Entstehung der Bürgerbewegung erweiterten sich die zivilgesellschaftlichen Handlungsräume im Herbst 1989 grundlegend. Faktisch wurden Meinungs-, Demonstrations- und Versammlungsfreiheit massenhaft in Anspruch genommen[17]. Dies eröffnete auch den Frauengruppen schlagartig die Möglichkeit, ihre Interessen in organisierter Form im öffentlichen Raum zu vertreten. In der Endphase der DDR entstanden nicht nur eine Vielzahl von Bürgerrechtsgruppen, sondern auch der Unabhängige Frauenverband. Der UFV stellte in seiner Mitgliederstruktur allerdings nicht die Fortsetzung der informellen Frauenbewegung dar. Die „Frauen für den Frieden" und diejenigen Frauengruppen, für die die Auseinandersetzung mit dem SED-Regime im Vordergrund gestanden hatte, engagierten sich größtenteils in den Bürgerrechtsgruppen.

Der UFV verstand sich als basisdemokratische, weltanschaulich übergreifende, feministische Vereinigung und ging aus einem euphorisch veranstalteten Fest in der Ostberliner Volksbühne am 3. Dezember 1989 hervor, an dem etwa 1200 Frauen teilgenommen hatten. Der neu gegründete UFV versuchte unmittelbar, über demokratische Partizipationsformen politischen Einfluss auszuüben. Die Frauen, die den UFV gründeten, teilten zwei Formen von Unrechtserfahrung und bezogen sich auf zwei Konfliktlagen. Sie kritisierten die mit der gesellschaftlichen Pluralisierung und Demokratisierung einhergehende personelle Exklusion von Frauen und wiesen auf die thematische Ausblendung des Geschlechterverhältnisses im Demokratisierungsprozess hin. Darüber hinaus trat mit der öffentlichen Diskussion der Wiedervereinigung für die Mitglieder des UFV die soziale Frage in den Vordergrund. Der UFV gründete sich, wie das Anne Hampele bündig formuliert hat, „als Negativ-Koalition gegenüber erwarteten Krisenfolgen", das heißt gegenüber den antizipierten Folgen der deutschen Wirtschafts-, Währungs- und Sozialunion für die weibliche Bevölkerung. Die Gründungsmitglieder des UFV begrüßten den freiheitlichen Pro-

---

[17] Vgl. Karsten Timmer, Vom Aufbruch zum Umbruch. Die Bürgerbewegung in der DDR 1989, Göttingen 2000, S. 179ff.

spekt einer marktwirtschaftlich organisierten und demokratisch regierten Gesellschaft. Allerdings sahen sie die damit einhergehenden sozialen Ungleichheiten als Gefahr für die nicht zuletzt materiell fundierte Selbstbestimmung und Freiheit von Frauen. Zudem lehnten sie das als konservativ empfundene Frauen- und Familienleitbild der Bundesrepublik ab. So war der Aufruf zur Gründung eines Frauenverbandes mit der Parole überschrieben: „Wer sich nicht wehrt, kommt an den Herd"[18].

Der UFV nutzte gezielt die Möglichkeiten politischer Partizipation, die sich ihm im Herbst und Winter 1989 unverhofft boten[19]. So war seine Gründung am 3. Dezember nicht zuletzt mit Blick auf die Teilnahme am Zentralen Runden Tisch der DDR erfolgt, der vom 7. Dezember 1989 bis zum 12. März 1990 tagte. Freilich war dem UFV in diesem Gremium und bei den Volkskammerwahlen am 18. März nur mäßiger Erfolg beschieden – abgesehen davon, dass er durch die Anschubfinanzierung, die die Bürgerrechtsgruppen am Runden Tisch erhielten, und durch die Finanzierung des Wahlkampfs seine Existenz für einige Zeit sichern konnte.

Die Teilnahme am Runden Tisch war für den Frauenverband zunächst vielversprechend, da es in der ersten Sitzung gelang, als voll stimmberechtigtes Mitglied zugelassen zu werden. Der UFV setzte sich im Bündnis mit den Bürgerrechtsgruppen erfolgreich für die Zulassung von so genannten politischen Vereinigungen zur Volkskammerwahl ein. Er war auch gemeinsam mit den Bürgerrechtsgruppen an der Erarbeitung eines Beschlusses für die Volkskammer zur Sicherung der Medienfreiheit beteiligt. Allerdings konnte er gleichstellungspolitische Ansätze wie ein quotiertes Wahlgesetz nicht durchsetzen, da dies von den Bürgerrechtsgruppen nicht unterstützt wurde. Ansonsten standen für den UFV Wirtschaftsfragen im Vordergrund. Seine Forderungen am Runden Tisch zielten auf die Aufrechterhaltung der nationalen Souveränität der DDR beziehungsweise im voranschreitenden Verlauf der Verhandlungen auf eine sozial abgefederte Wirtschafts-, Währungs- und Verkehrsunion und auf ein Mindestmaß an Souveränität in den Verhandlungen mit der Bundesregierung. Eine vom UFV mitverfasste Sozialcharta und ein umfassender Maßnahmenkatalog zur Herstellung der Geschlechtergerechtigkeit wurden zwar gegen

---

[18] Anne Hampele Ulrich, Der Unabhängige Frauenverband. Ein frauenpolitisches Experiment in der deutschen Vereinigungspolitik, Berlin 2000, beide Zitate S. 101.
[19] Vgl. Brigitte Young, Triumph of the Fatherland. German Unification and the Marginalization of Women, Michigan 1999, S. 75ff.

Ende des Runden Tisches von einer Mehrheit der Beteiligten verabschiedet. Allerdings hatte der Runde Tisch zu diesem Zeitpunkt schon seine politische Bedeutung verloren, da nun die Wahl zur Volkskammer im Vordergrund stand. Somit hatten die sozialpolitischen Forderungen des Unabhängigen Frauenverbands, die er gegen Ende durchsetzen konnte, keinerlei faktischen Einfluss auf den weiteren Verlauf des Einigungsprozesses. Bei den Volkskammerwahlen erhielt der UFV, der im Bündnis mit den Grünen für eine reformierte sozialistische und demokratische DDR eingetreten war, nur zwei Prozent der Stimmen, insgesamt acht Mandate, die zudem alle von Vertretern der Grünen wahrgenommen wurden[20].

5. Fazit

Die Praxis der informellen Frauengruppen war vornehmlich auf die Erweiterung von Handlungsräumen gegenüber einem autoritären Staat und auf die Herstellung von Gegenöffentlichkeiten gerichtet. Sie handelten zivilgesellschaftlich, das heißt verständigungsorientiert und reflexiv[21], und thematisierten ungelöste gesellschaftliche und politische Konflikte. In den Gruppen konnten Geschlechterrollen hinterfragt und Alternativen entworfen werden. Aufgrund des umfassenden politischen Anspruchs der SED auf die Gestaltung der gesellschaftlichen Beziehungen stellte die kommunikativ und reflexiv orientierte Handlungspraxis der informellen Frauengruppen die Herrschaft der SED in Frage. Die Vernetzung der Gruppen war zudem der Ausgangspunkt für die Ausbildung eines gruppenübergreifenden Zugehörigkeitsgefühls zur Friedens-, Frauen- oder Lesbenbewegung.

Die informellen Frauengruppen und Frauennetzwerke waren eine zentrale Voraussetzung für die Gründung des Unabhängigen Frauenverbands, dem es in der Umbruchphase 1989/90 kurzfristig gelang, öffentlichkeitswirksame Positionen zu besetzen, ohne freilich den Verlauf der deutschen Vereinigung politisch beeinflussen zu können. Als in der Wendezeit gegründete, unabhängige, feministische ostdeutsche Interessenorganisation ohne westdeutsches Pendant gilt der UFV als „frauenpolitisches Experiment"[22] im

---

[20] Vgl. Hampele Ulrich, Frauenverband, S. 190.
[21] Jean Cohen/Andrew Arato, Civil Society and Political Theory, London 1994, S. 435ff. definieren zivilgesellschaftliches Handeln als kommunikatives Handeln, das sich durch Selbstreflexivität und Verständigungsorientierung auszeichnet.
[22] Vgl. zur Begriffsprägung Hampele Ulrich, Frauenverband.

deutschen Vereinigungsprozess. Die Anforderungen, die das intermediäre Interessenvertretungssystem der Bundesrepublik an ihn stellte, konnte er allerdings aufgrund seiner schwachen Organisationsstruktur langfristig nicht erfüllen[23]. Er löste sich im Juni 1998 als eingetragener Verein offiziell auf.

---

[23] Vgl. Eva Sänger, Zur strukturellen Repräsentationsproblematik bei der Vertretung von Fraueninteressen am Beispiel des „Experiments" Unabhängiger Frauenverband, in: Anja Weckwert/Ulla Wischermann (Hrsg.), Das Jahrhundert des Feminismus. Streifzüge durch nationale und internationale Bewegungen und Theorien, Königstein/Ts. 2006, S. 95–112.

Abkürzungen

AddF	Archiv der deutschen Frauenbewegung
ADW	Archiv des Diakonischen Werks der Evangelischen Kirche in Deutschland
BA	Bundesarchiv
BDF	Bund Deutscher Frauenvereine
BdM	Bund deutscher Mädel
BLJFB	Blätter des Jüdischen Frauenbundes
CDU	Christlich Demokratische Union Deutschlands
CSU	Christlich-Soziale Union
DAF	Deutsche Arbeitsfront
DDP	Deutsche Demokratische Partei
DDR	Deutsche Demokratische Republik
DEF	Deutsch-Evangelischer Frauenbund
DFD	Demokratischer Frauenbund Deutschlands
DFG	Deutsche Forschungsgemeinschaft
DFW	Deutsches Frauenwerk
DNVP	Deutschnationale Volkspartei
GuG	Geschichte und Gesellschaft
EFD	Evangelische Frauenarbeit in Deutschland
EFH	Evangelische Frauenhilfe
FDP	Freie Demokratische Partei
GBA	Gesetzbuch der Arbeit
HGSt	Hauptgeschäftsstelle
HJ	Hitlerjugend
IfZ	Institut für Zeitgeschichte
LBI	Leo Baeck Institute
LKA	Landeskirchliches Archiv
NL	Nachlass
NSBO	Nationalsozialistische Betriebszellenorganisation
NSDAP	Nationalsozialistische Deutsche Arbeiterpartei
NSF	Nationalsozialistische Frauenschaft
NSV	Nationalsozialistische Volkswohlfahrt
RAD	Reichsarbeitsdienst
RIAS	Rundfunk im amerikanischen Sektor
RNF	Ring Nationaler Frauen
SA	Sturmabteilung
SDP	Sozialdemokratische Partei in der DDR
SDS	Sozialistischer Deutscher Studentenbund

SED	Sozialistische Einheitspartei Deutschlands
SPD	Sozialdemokratische Partei Deutschlands
SS	Schutzstaffel
StA	Staatsarchiv
StGB	Strafgesetzbuch
UFV	Unabhängiger Frauenverband
VDA	Verein für das Deutschtum im Ausland
VdK	Verband der Kriegsbeschädigten, Kriegshinterbliebenen und Sozialrentner Deutschlands
ZfG	Zeitschrift für Geschichtswissenschaft

Autorinnen und Autoren

Dr. Elizabeth Harvey (1957), Professor of History an der University of Nottingham (Großbritannien), Forschungsschwerpunkte: Frauen und Nationalismus, Frauen und nationalsozialistische „Volkstumspolitik" in Ost- und Südosteuropa, Fotojournalismus in der NS-Zeit.

Christine Hikel, M.A. (1979), Stipendiatin im Graduiertenkolleg „Archiv – Macht – Wissen. Organisieren, Kontrollieren, Zerstören von Wissensbeständen von der Antike bis zur Gegenwart" an der Universität Bielefeld, arbeitet derzeit an einer Dissertation über Inge Scholl und die Rezeptionsgeschichte der „Weißen Rose".

Nicole Kramer, M.A. (1978), wissenschaftliche Mitarbeiterin am Historischen Seminar der Ludwig-Maximilians-Universität München, arbeitet derzeit an einer Dissertation über die Integration von Frauen in die NS-Kriegsgesellschaft.

Dr. Christoph Kühberger (1975), Juniorprofessor für Vergleichende Neuere und Neueste europäische Kulturgeschichte am Institut für Geschichte der Universität Hildesheim, Forschungsschwerpunkte: Neue Kulturgeschichte, Transcultural Studies, Theorie und Didaktik der Geschichte, Neue Kulturgeschichte.

Dr. Beate von Miquel (1968), wissenschaftliche Mitarbeiterin im Gleichstellungsbüro der Ruhr-Universität Bochum, Historikerin und Theologin (ev.), Forschungsschwerpunkte: Kirchliche Zeitgeschichte, Frauen- und Geschlechtergeschichte, Mediengeschichte, Unternehmensgeschichte.

Dr. Sylvia Rogge-Gau (1955), Historikerin und Publizistin, Forschungsschwerpunkte: Widerstand gegen den Nationalsozialismus, deutsch-jüdische Geschichte, insbesondere Emigration und jüdische Selbstbehauptungsstrategien nach 1933.

Anna Schnädelbach, M.A. (1972), wissenschaftliche Volontärin am Historischen Museum Frankfurt a.M., Forschungsschwerpunkte: Geschlechtergeschichte, Alltagsgeschichte der Bundesrepublik Deutschland.

Dr. Michael Schwartz (1963), wissenschaftlicher Mitarbeiter am Institut für Zeitgeschichte München-Berlin und außerplanmäßiger Professor für Neuere und Neueste Geschichte an der Westfälischen Wilhelms-Universität Münster, Forschungsschwerpunkte: „Eugenik"/ „Rassenhygiene" und „Euthanasie", „ethnische Säuberungen", Vertriebenenintegration in beiden deutschen Staaten, Frauen- und Sozialpolitikgeschichte im doppelten Deutschland.

Dr. Christiane Streubel (1968), Lehrbeauftragte an der Westfälischen Wilhelms-Universität Münster, aktuelles Projekt: „Alter in der Postmoderne. Visualisierungen und Diskurse im transatlantischen Vergleich", Forschungsschwerpunkte: Ideen- und Bewegungsgeschichte der politischen Rechten, Medizinjournalismus im 20. Jahrhundert, interdisziplinäre *gender studies*.

Dr. Eva Sänger (1970), wissenschaftliche Mitarbeiterin am Fachbereich Gesellschaftswissenschaften der Johann Wolfgang Goethe-Universität Frankfurt a.M., Forschungsschwerpunkte: politische Soziologie, Frauen- und Geschlechterforschung, Körpersoziologie, Wissens- und Wissenschaftssoziologie.

Elisabeth Zellmer, M.A. (1977), wissenschaftliche Mitarbeiterin am Institut für Zeitgeschichte München-Berlin, arbeitet derzeit an einer Dissertation über die Neue Frauenbewegung in München.

Zeitgeschichte im Gespräch

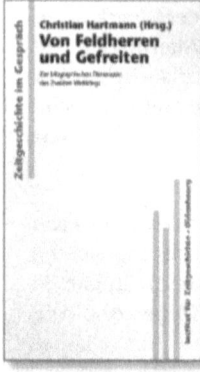

Von Feldherren und Gefreiten

Zur biographischen Dimension des Zweiten Weltkriegs

Herausgegeben von
Christian Hartmann

2008 | 129 S. | Br. | € 16,80
ISBN 978-3-486-58144-7
Zeitgeschichte im Gespräch
Bd. 2

Kein militärischer Konflikt hat so viele Menschen mobilisiert wie der Zweite Weltkrieg. Schon allein deshalb fällt es nicht leicht, einzelne Personen im Blick zu behalten, ihre Schicksale nachzuzeichnen und ihre Handlungsspielräume auszuloten, seien sie nun militärischer, politischer oder ethischer Natur. Die Beiträge dieses Bandes fassen aktuelle Forschungsergebnisse zum Verhältnis von Biographie, Ereignis und Struktur zusammen und geben neue Einblicke in die Geschichte des Zweiten Weltkriegs.

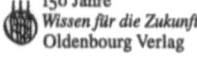

150 Jahre
Wissen für die Zukunft
Oldenbourg Verlag

Oldenbourg

oldenbourg.de

Bestellungen über den Buchhandel oder direkt: verkauf@oldenbourg.de

Zeitgeschichte im Gespräch

Schleichende Entfremdung?
Deutschland und Italien nach
dem Fall der Mauer

Herausgegeben von Gian Enrico
Rusconi, Thomas Schlemmer
und Hans Woller

2008 | 136 S. | Br. | € 16,80
ISBN 978-3-486-58672-5
Zeitgeschichte im Gespräch, Bd. 3

»ein ebenso interessantes wie
außergewöhnliches Buch, treffen
darin doch die widersprüchlichen
Standpunkte der Autoren unge-
schminkt aufeinander«, so der
ehemalige italienische Minister-
präsident Giuliano Amato
anlässlich der Buchpräsentation
in der Residenz des Deutschen
Botschafters in Rom am 16. Juni
2008.

»...pointiert und lebendig
formuliert ... eine anregende
Lektüre«
Die Welt, 23.7.2008

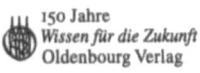
150 Jahre
Wissen für die Zukunft
Oldenbourg Verlag

oldenbourg.de

Bestellungen über den Buchhandel
oder direkt: verkauf@oldenbourg.de

Oldenbourg

www.ingramcontent.com/pod-product-compliance
Lightning Source LLC
Chambersburg PA
CBHW021735220426
43662CB00008B/870